초등학생이 딱 알아야 할 첨단과학상식 이야기

글 송지혜 | 그림 홍나영

작가의 말

"상대방의 모습을 보며 전화통화를 하게 될 거야."
"집을 청소해 주는 기계가 나타나지 않을까?"
"로봇이 뚝딱 건물을 지을 수 있을 거야."

　100년 전의 사람들은 100년 후 바뀐 세상의 모습을 이렇게 상상했어요. 그리고 그 상상은 과학기술의 발전으로 현재 우리가 사는 세상의 모습이 되었어요.

　우리는 언제 어디서나 보고 싶은 사람의 얼굴을 보며 통화할 수 있고, 청소기뿐만 아니라 자동으로 집안일을 해주는 여러 가전기기도 개발되었지요. 건축현장에서는 건축 설비기기들이 사람 대신 무거운 철근을 옮기고 있어요.

　그렇다면 지금으로부터 100년 뒤의 세상은 어떤 모습일까요? 아마 이 책을 다 읽고 나면 미래가 눈앞에

생생하게 그려질 거예요. 세상에서 가장 빠르게 계산하는 슈퍼컴퓨터부터 야생모기를 말살시키기 위해 만들어진 유전자 조작 모기, 운전자 없이도 스스로 달리는 자율주행자동차, 인공적으로 하늘에서 비를 내리게 하는 인공 강우 등 우리 눈을 휘둥그레지게 만드는 놀라운 첨단 과학기술들을 여러 분야에 걸쳐 소개하고 있답니다.

  과학은 우리 인류를 과거에서 현재까지 이끈 아주 강력한 힘이었어요. 우리는 과학을 통해 세상의 원리를 알게 되었고, 과학을 이용해 세상의 방식을 바꾸었지요. 그리고 이제 힘차게 미래를 만들어 갈 준비가 되었어요.

  앞으로 우리의 삶은 또 어떻게 바뀔까요? 이 책을 읽으며 두근거리는 상상을 하며 꿈을 키우길 바라요. 현재의 상상은 또다시 미래의 현실이 될 테니까요. 그리고 그 미래의 주인공은 바로 여러분이라는 사실도 잊지 마세요.

송지혜

차례

- **001** 나노의 세계는 얼마나 작을까요? … 14
- **002** 걷기만 해도 전기가 만들어진다고요? … 16
- **003** 우주를 탐사하는 가장 작은 우주선이 있다고요? … 18
- **004** 세상에서 가장 얇은 물질은 무엇일까요? … 20
- **005** 세상에서 가장 강한 물질은 무엇일까요? … 22
- **006** 나무에서 미래 소재를 만들어 낸다고요? … 24
- **007** 투명망토의 원리는 무엇일까요? … 26
- **008** 아주 강하고 멀리까지 전달되는 빛은 무엇일까요? … 28
- **009** 지구상에서 가장 가벼운 고체는 무엇일까요? … 30
- **010** 고체도 액체도 기체도 아닌 물질 상태가 있을까요? … 32
- **011** 첨단 산업 분야의 일등 공신이 유리라고요? … 34
- **012** 세상에서 가장 똑똑한 컴퓨터는 무엇일까요? … 36
- **013** 강한 인공지능과 약한 인공지능이 뭐예요? … 38
- **014** 컴퓨터가 스스로 학습할 수 있다고요? … 40
- **015** 미래의 디스플레이는 어떤 모습일까요? … 42
- **016** 인터넷에서 어떻게 개인 정보를 지킬 수 있을까요? … 44
- **017** 4차 산업혁명을 이끌 핵심 부품은 무엇일까요? … 46
- **018** 손톱 크기만 한 칩으로 사람의 뇌처럼 생각할 수 있다고요? … 48
- **019** 자연의 색을 그대로 담아내는 기술이 있다고요? … 50
- **020** 전 세계가 광케이블로 뒤덮여 있다고요? … 52
- **021** 먼지만큼이나 작은 센서가 있다고요? … 54
- **022** 전자 코로 냄새 맡고, 전자 혀로 맛을 느낀다고요? … 56
- **023** 소방복과 우주복은 무엇으로 만들까요? … 58
- **024** 내 눈과 지문이 열쇠가 된다고요? … 60
- **025** 곤충을 본떠 만든 초소형 로봇이 있다고요? … 62
- **026** 피부처럼 말랑말랑하고 부드러운 로봇이 있다고요? … 64
- **027** 로봇도 고통을 느낄까요? … 66
- **028** 배터리가 지금보다 더 작고 가볍고 용량이 커질 수 있을까요? … 68

1장
작지만 놀라운 힘을 가진
첨단 과학

2장 생명을 다루는 첨단 과학

- **029** 생각만으로도 로봇 팔이 움직인다고요? … 72
- **030** 우리 몸의 세포를 수리하는 로봇이 있다고요? … 74
- **031** 바이러스 유행을 미리 막을 수 있을까요? … 76
- **032** 주사가 아니라 먹는 백신이 있다고요? … 78
- **033** 먼 곳에 있는 의사가 수술을 할 수 있을까요? … 80
- **034** 병원 대신 화장실에서 건강 상태를 알 수 있다고요? … 82
- **035** 돼지의 심장이 사람의 심장을 대신할 수 있을까요? … 84
- **036** 3D 프린팅으로 사람의 장기를 만든다고요? … 86
- **037** 올림픽에 숨은 첨단 과학기술을 찾아볼까요? … 88
- **038** 부모가 원하는 모습의 아기를 낳을 수 있을까요? … 90
- **039** 유전자 검사로 숨은 질병을 미리 찾는다고요? … 92
- **040** 피 한 방울로 암을 진단할 수 있다고요? … 94
- **041** 인공혈액이 부족한 혈액을 대신할 수 있을까요? … 96
- **042** 아기가 몸 밖에서 태어날 수 있을까요? … 98
- **043** 사람의 장기를 닮은 미니 장기가 있다고요? … 100
- **044** 사람이 늙는 것을 막을 수 있을까요? … 102
- **045** 지구에 존재하지 않는 생물을 만들 수 있을까요? … 104
- **046** 유전자재조합식품이 무엇인가요? … 106
- **047** 유전자 조작 모기로 야생 모기를 잡는다고요? … 108
- **048** 아시아 최초의 종합 유전자 지도가 완성되었다고요? … 110
- **049** 냉동 기술로 죽은 사람을 되살릴 수 있을까요? … 112
- **050** 알츠하이머병을 정복할 수 있을까요? … 114
- **051** 더 안전하게 약을 조제할 수 있을까요? … 116
- **052** 육종 기술과 생명공학이 만나면 어떤 일이 벌어질까요? … 118

3장 생활을 바꾸는 첨단 과학

- **053** 운전자가 꾸벅꾸벅 졸아도 안전한 자동차가 있다고요? … 122
- **054** 주소만 있다면 어디든지 무인 배달이 가능하다고요? … 124
- **055** 도로를 달리다가 하늘을 나는 자동차라고요? … 126
- **056** 서울에서 부산까지 20분 만에 갈 수 있다고요? … 128
- **057** 휴머노이드, 안드로이드, 사이보그 뭐가 다른가요? … 130
- **058** 인공지능이 《승정원일기》를 번역한다고요? … 132
- **059** 인공지능과 감정을 주고받을 수 있을까요? … 134
- **060** 생각만으로 친구와 대화할 수 있을까요? … 136
- **061** 인공지능은 진화할수록 위험해질까요? … 138
- **062** 선 없이 기기를 서로 연결할 수 있다고요? … 140
- **063** 에어컨을 입을 수 있다고요? … 142
- **064** 미래의 스마트폰은 어떤 모습일까요? … 144
- **065** 사물이 인터넷을 만나 똑똑해졌다고요? … 146
- **066** 불타 버린 문화재를 다시 되살릴 수 있을까요? … 148
- **067** 바닷속에 데이터센터를 만든다고요? … 150
- **068** 인터넷은 얼마나 더 빨라질까요? … 152
- **069** 세계에서 다섯 번째로 긴 해저터널이 있다고요? … 154
- **070** 지진에 강한 건물을 짓는 법이 따로 있다고요? … 156
- **071** 바다 위에 새로운 나라가 만들어진다고요? … 158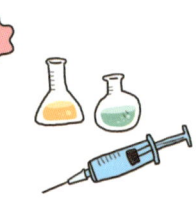
- **072** 사흘 만에 주택을 지을 수 있을까요? … 160
- **073** 로프 없이 엘리베이터가 움직인다고요? … 162
- **074** 전 세계 동시에 같은 콘서트를 열 수 있다고요? … 164
- **075** 빅데이터가 도시에서 발생한 문제를 해결해 준다고요? … 166
- **076** 스마트폰에 숨겨진 범죄 단서를 찾아낸다고요? … 168
- **077** 실험실에서 키운 고기 맛은 어떨까요? … 170
- **078** 가짜 현실을 만들어 내는 기술이 있다고요? … 172
- **079** 암호화폐가 진짜 화폐가 될 수 있을까요? … 174

4장
지구를 살리는 첨단 과학

- 080 미래의 자동차는 어떤 연료를 쓸까요? … 178
- 081 석유가 나는 곳에 친환경 도시가 있다고요? … 180
- 082 건물이 스스로 에너지를 만들 수 있을까요? … 182
- 083 짓는 기술보다 허무는 기술이 더 어렵다고요? … 184
- 084 지구상에 인공태양을 만들 수 있을까요? … 186
- 085 버려지는 에너지를 모아 전기로 만들 수 있다고요? … 188
- 086 에너지를 아끼는 데도 기술이 필요하다고요? … 190
- 087 음식물 쓰레기로 에너지를 만든다고요? … 192
- 088 오염물질이 예술이 될 수 있을까요? … 194
- 089 플라스틱이 아닌 해초 막에 물을 넣어 마신다고요? … 196
- 090 초음파로 모기를 쫓아낼 수 있다고요? … 198
- 091 바다에 쌓인 쓰레기를 빨아들이는 청소기가 있다고요? … 200
- 092 바닷물을 식수로 바꿀 수 있다고요? … 202
- 093 사막이 되어 버린 땅을 다시 되살릴 수 있을까요? … 204
- 094 멸종된 동물을 다시 되살릴 수 있을까요? … 206
- 095 바다 깊은 곳에는 무엇이 살고 있을까요? … 208
- 096 소리만으로도 새로운 종을 발견할 수 있다고요? … 210
- 097 인공위성이 미세먼지까지 관측할 수 있다고요? … 212
- 098 희귀식물의 씨앗을 영구적으로 보관하고 있다고요? … 214
- 099 얼음 속에 역사가 꽁꽁 얼어 있다고요? … 216
- 100 식물만 광합성을 할 수 있는 게 아니라고요? … 218

1장
작지만 놀라운 힘을 가진 첨단 과학

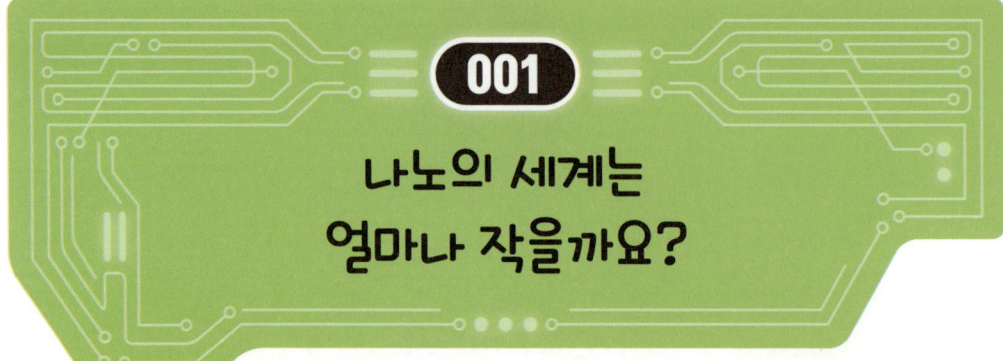

나노의 세계는 얼마나 작을까요?

여러분이 신고 있는 운동화의 길이는 어떻게 잴까요? 자를 이용해 운동화의 한쪽 끝을 눈금 0에 맞추고 다른 한쪽 끝의 눈금을 읽으면 되지요. 그렇다면 운동화 바닥에 묻어 있는 흙 알갱이도 같은 방법으로 잴 수 있을까요? 눈에 보이지 않을 정도로 아주 작은 미세먼지는 어떨까요?

우리가 사는 세상에는 꽃가루나 먼지, 세균 등 자로 잴 수 없을 정도로 작은 것들이 가득해요. 이들의 크기를 측정할 때는 우리가 잘 알고 있는 단위인 미터(m)나 밀리미터(mm)로는 잴 수가 없지요. 그보다 더 작은 단위인 마이크로미터(μm)를 사용해야 해요. 마이크로미터는 미터의 100만분의 1만큼 작은 단위예요. 이 마이크로미터보다 더 작은 단위도 있을까요? 물론이에요. 나노미터(nm)는 미터의 10억 분의 1만큼 작지요. 만약 지구를 10억분의 1로 줄인다면 축구공만 해질 거예요. 얼마나 작은지 상상할 수 있나요?

현재 세계의 많은 과학자가 나노의 세계에 관심을 가지고 활발하게 연구하고 있어요. 물질을 나노미터 크기에서 다루면 원래 성질을 변화시킬 수 있을 뿐만 아니라 완전히 새로운 물질로 바꿀 수도 있거든요. 예를 들어 순수한 금덩어리는 노란색이에요. 하지만 이 노란색의 금덩어리를 나노 수준으로 쪼개면 크기에 따라 다른 색들이 나타나지요. 7나노미터일 때는 빨간색, 5나노미터는 초록색, 3나노미터는 파란색을 띤답니다.

나노 기술을 이용하면 특별한 기능을 가진 새로운 물질이나 첨단 제품을 만들 수 있어요. 나노기술은 통신, 재료, 의료, 생명공학 등 여러 분야에서 폭넓게 사용되고 있어요. 과학자들은 나노기술이 미래과학을 이끌 신기술이라고 믿고 있어요.

> 그걸로 보이냐?

> 잔소리 말고 잡기나 해!

걷기만 해도 전기가 만들어진다고요?

갑자기 정전이 되면 온 세상이 깜깜해지지요. 전등뿐만 아니라 집에서 사용하던 냉장고, 세탁기, 선풍기 등 모든 가전제품의 전원이 나가요. 거리를 늘어선 건물 곳곳의 전등이 다 꺼지고 신호등과 지하철도 멈춰 버려 그야말로 혼란에 빠지고 말아요. 전기가 끊긴 세상은 상상하는 것만으로도 끔찍하지요. 이처럼 우리는 전기와 떨어져서는 단 하루도 살 수 없어요.

우리나라에서 사용하는 전기는 대부분 화력발전소와 원자력발전소에서 만들고 있어요. 전기가 만들어지는 것은 무척 다행스러운 일이지만 발전소에서 전기가 생산될

때나 우리에게 전달되는 과정에서 환경오염이나 사람에게 질병을 일으키는 물질이 생겨나기도 해요. 또 전기에서 발생하는 강력한 전자파는 사람을 비롯한 동식물에 무척 해롭지요.

대규모 발전소를 짓지 않고도, 환경오염을 일으키지 않고도, 전기를 멀리까지 이동시키는 수고를 하지 않고도 필요한 곳에서 바로바로 전기를 만드는 방법은 없을까요?

최근 아주 간단한 신체 움직임만으로도 전기를 발생시키는 나노 발전기가 개발되고 있어요. 나노 발전기란, 말 그대로 나노 크기의 아주 작은 발전기에요. 크기가 작은 만큼 바람이나 진동, 소리 같은 아주 작은 변화도 에너지로 사용할 수 있어요. 정전기나 누르는 힘, 심지어 사람의 심장박동이나 근육의 움직임만으로도 전기를 만들 수 있지요.

만약 나노 발전기가 상용화된다면, 우리가 걷는 것만으로도 휴대전화를 충전할 수 있을 거예요. 운동화 바닥에 나노 발전기를 붙이고 걷거나 달리면 누르는 힘으로 전기가 생산될 거예요. 사람들이 많이 다니는 도로 아래에 나노 발전기를 설치하면 도시의 불이 꺼지지 않을 만큼 엄청난 양의 전기를 만들어낼 수 있을지도 모른답니다.

우주를 탐사하는 가장 작은 우주선이 있다고요?

우주는 인간이 아직 모르는 것들이 가득 차 있는 신비로운 공간이에요. 인류는 1969년 처음으로 사람을 달에 보내는 일에 성공한 이후, 꾸준히 우주선을 쏘아 올렸어요. 덕분에 우주에 무엇이 있고, 무엇으로 이루어져 있는지 그리고 얼마나 큰지 조금이나마 알게 되었지요. 하지만 한 번 우주 탐사를 하려면 엄청난 돈과 시간, 기술이 필요하답니다.

2006년 발사된 뉴허라이즌스호는 명왕성 탐사 임무를 9년 반이 지나서야 완수했어요. 하지만 발사 직후 명왕성은 행성 지위를 잃고 말았지요. 지금 뉴허라이즌스호는 태양계 끝에 다다라 있어요. 뉴허라이즌스호는 발사될 때의 속도가 초속 16.26km로 지금까지 인간이 만들어 낸 물체 중 가장 빠르게 지구를 벗어났어요. 이렇게 빠른 데도 시간이 오래 걸린 걸 보면 광활한 우주를

탐사하기 위해서는 훨씬 더 빠른 우주선이 필요해 보여요.

과학자들은 그 해답으로 나노 크래프트라고 불리는 아주 작은 우주선을 해결책으로 제시했어요. 배처럼 돛을 달아 바람 대신 아주 강한 빛(레이저)을 쏘아 우주 공간으로 밀어 올리는 원리지요. 크기는 손바닥보다 작고 무게도 20g에 불과하지만, 속도는 초속 약 6만 km로 기존의 우주선보다 1,000배나 빨라요. 그래서 기존의 우주선으로 지구와 가장 가까운 항성계에 가려면 3만 년 이상 걸리지만, 나노 크래프트라면 20년밖에 걸리지 않을 거라고 해요.

아직 나노 크래프트는 완성되지 않았어요. 작지만 정밀한 관측 장치, 오랜 시간 작동할 수 있는 배터리 등 해결해야 할 문제들이 남아있거든요. 미국 항공우주국(NASA)은 50년 뒤에 나노 크래프트를 완성한다는 목표를 가지고 있어요. 만약 인류가 나노 크래프트를 발사한다면 그동안 알지 못했던 우주의 새로운 공간을 발견하게 될 거예요. 그리고 우주의 지도는 훨씬 더 넓어질 거예요.

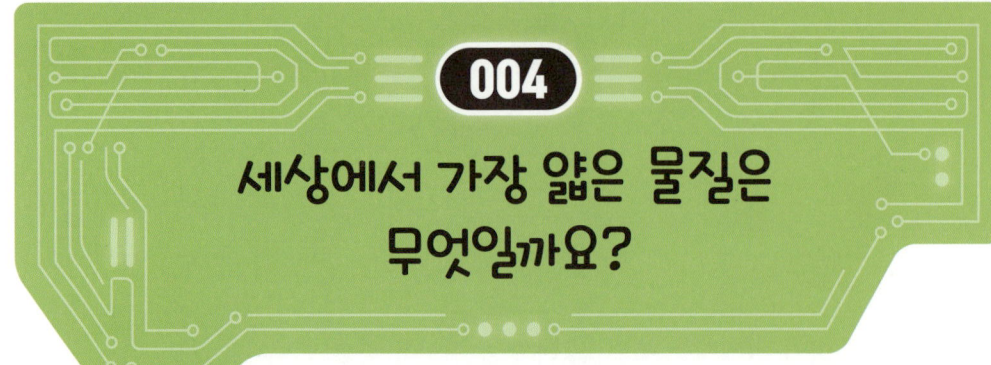

세상에서 가장 얇은 물질은 무엇일까요?

004

매일 사용하는 연필 속에 들어 있는 가느다란 연필심은 흑연이라는 물질로 만들어요. 흔히 보는 이 흑연에 스카치테이프를 붙였다 떼었더니 아주 놀라운 물질이 분리되어 나왔어요. 이 우연한 발견은 노벨물리학상으로 이어졌어요.

겨우 연필심과 스카치테이프로 노벨상이라니…. 설마, 농담 아니냐고요? 아니에요! 이렇게 발견된 물질은 바로 '그래핀'이에요. 그리고 이 그래핀을 발견한 공로로 노벨상을 받은 사람은 영국의 과학자 안드레 가임과 콘스탄틴 노보셀로프지요.

그래핀은 세상에서 가장 얇은 물질이에요. 연필심과 다이아몬드, 탄소나노튜브 그리고 그래핀은 모두 같은 성분인 탄소 원자로 이루어져 있어요. 다만 탄소의 배열이 다를 뿐이지요. 그래핀은 탄소 원자가 벌집 모양을 이루면서 한 층으로 펼쳐져 있어요.

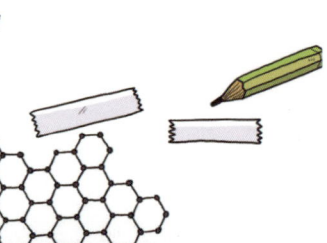

그래핀은 열과 전기를 전달하는 능력이 아주 뛰어나요. 현재 전선 재료로 사용되는 구리보다 100배 이상 전기를 잘 전달하지요. 그래서 그래핀으로 전선을 만드는 기술이 개발되면 지금보다 100배는 더 효율적으로 전기를 전달할 수 있을 거예요. 자연계에 존재하는 물질 가운데는 다이아몬드가 가장 열을 가장 잘 전달하는데, 그래핀은 그보다도 2배나 더 열을 잘 전달하지요.

이뿐만이 아니에요. 강철보다 200배 이상 단단하고 탄성까지 좋아 휘거나 구부려도 부러지지 않아요. 또 대부분의 빛을 통과시킬 정도로 투명하지요. 이런 그래핀을 이용하면 강한 충격에도 끄떡없고 휘거나 접을 수 있는 투명스크린도 만들 수 있을 거예요.

하지만 그래핀은 아직 가격이 저렴하지도 않고 대량 생산하는 데는 기술적인 한계가 있어서 상용화되지는 않았어요. 그래서 지금도 세계 곳곳의 과학자들이 그래핀을 만드는 여러 방법을 열심히 연구하고 있답니다.

세상에서 가장 강한 물질은 무엇일까요?

오누이가 호랑이를 피해 나무 위로 올라가 하늘을 향해 기도했더니 동아줄이 내려왔어요. 오누이는 그 줄을 잡고 하늘로 올라가 해와 달이 되었지요.

우리나라 전래동화인 '해와 달이 된 오누이' 이야기예요. 만약 정말 줄을 타고 하늘 높이 우주 공간까지 올라갈 수 있다면 어떨까요? 말도 안 된다고요? 하지만 이런 놀라운 일이 실제로 이루어질지도 몰라요!

과학자들은 우주까지 올라갈 엘리베이터를 만든다는 아주 기발한 생각을 해냈어요. 성공한다면 사람들은 더 이상 우주를 알기 위해 로켓에 사람과 화물을 실어 보내지 않아도 될 거예요. 로켓을 쏘아 올리지 않아도 되니 폭발 사고의 위험도 사라질 거예요.

우주엘리베이터를 만들기 위해 해결해야 할 가장 큰 문제 중 하나는 '무엇으로 만들 것인가'예요. 우주는 지구의 환경과 완전히 달라요. 우주엘리베이터가 실현되려면 가벼우면서도 절대 끊어지지 않는 줄이 개발되어야 해요.

그 유력한 후보로 떠오르는 물질이 바로 '탄소나노튜브'예요. 탄소나노튜브는 탄소 원자(물질을 이루는 가장 작은 알갱이)로 이루어진 육각형 벌집 모양의 평면이 관 형태로 말려서 만들어진 모양이에요. 탄소나노튜브는 나노물질 가운데 가장 매력적인 재료라고 평가받고 있어요. 그렇다면 이 탄소나노튜브는 얼마나 튼튼할까요? 지름은 사람의 머리카락 굵기보다 10만 배나 가늘지만, 강철보다 100배 이상 단단해요.

지금까지 발견된 물질 중에 가장 강력한 강도를 가지고 있지요. 덕분에 항공기나 자동차 부품, 배터리 등 강도가 중요한 분야에서 폭넓게 활용될 수 있어요. 정말 가까운 미래에는 탄소나노튜브로 만든 엘리베이터를 타고 달을 오가게 될지도 몰라요.

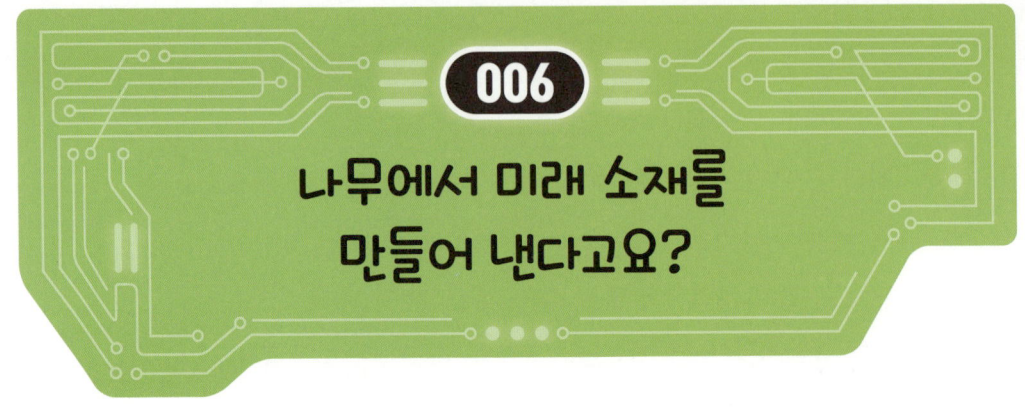

006

나무에서 미래 소재를 만들어 낸다고요?

나무를 쪼개고, 또 쪼개고, 또 또 쪼개고….

나무를 하는 소리일까요? 아니에요. 조금만 더 기다려 보세요.

쪼개고 또 쪼개니… 짜잔! 나노 셀룰로스가 되었어요!

나노라고 하니 아주 작다는 건 알겠는데 셀룰로스라니 그건 또 뭘까요? 모든 생물은 세포로 이루어져 있어요. 식물의 세포는 동물의 세포와는 다르게 가장 바깥쪽에 단단한 벽을 가지고 있지요. 셀룰로스는 이 세포벽의 주성분이에요. 나노 셀룰로스는 말 그대로 나무의 주성분인 셀룰로스를 나노 수준으로 쪼갠 물질이에요.

이런 나노 셀룰로스는 놀라운 성질을 가졌어요. 강철만큼 단단하면서도 유연하고 가벼워요. 또 열을 가해도 부풀어 오르지 않지요. 산업 재료에 이 나노 셀룰로스를 더하

면 강도가 증가한다고 해요. 그래서 건물 자재나 전자기기 부품에 사용하면 원래 무게는 줄이고 더 튼튼하게 만들 수 있다고 해요. 무엇보다 식물에서 나온 자연 재료이기 때문에 우리 몸에 해롭지 않아요. 따라서 인공 뼈나 피를 빨리 멎게 하는 지혈제로도 개발할 수 있고, 먹는 약이나 피부에 바르는 화장품에도 사용할 수 있지요. 식물성이라 친환경이기 때문에 개발할 수 있는 분야는 정말 넓어요.

산이 많은 우리나라는 재료를 쉽게 구할 수 있어요. 또한 굳이 나무가 아닌 바다에 사는 미역이나 다시마 같은 해조류에서도 얻을 수 있어요. 지금은 실험실 안에서 가능성을 연구하는 수준이지만, 앞으로 나노 셀룰로스를 대량으로 만들어 내는 기술이 완성된다면 대표적인 친환경 신소재로 사랑받게 될 거예요.

나무를 베는 게 아니라 환경을 위해 셀룰로스를 찾으려는 거라고!

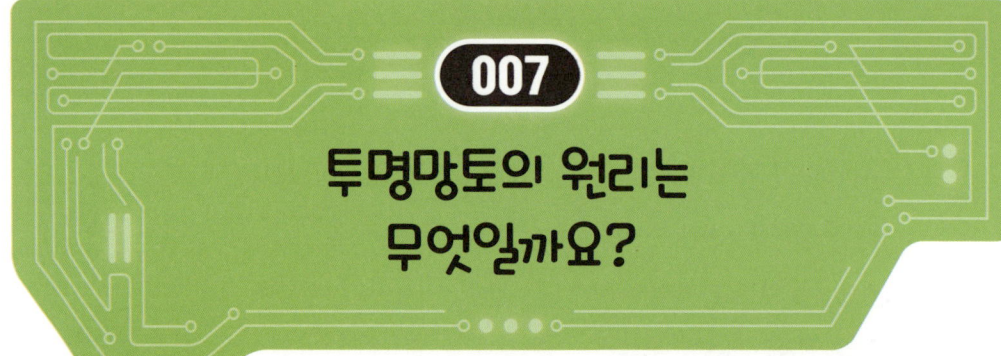

투명망토의 원리는 무엇일까요?

> 깜빡하고 숙제를 하지 않았어요. 벌써 몇 번째예요. 친구들 앞에서 선생님께 혼이 났어요. 자꾸 깜빡하는 내가 너무 창피해서, 순간 아무도 볼 수 없게 내 몸이 투명해졌으면 좋겠다는 생각이 들었어요.

이런 생각해 본 적 있지 않나요? 애니메이션이나 영화 속에서는 우리 몸이 보이지 않게 만드는 투명기술을 자주 볼 수 있어요. 이것이 실제로도 가능한 기술일까요? 과학자들은 투명 인간은 불가능하지만(소화 중인 음식물이나 오줌이 다 비칠 거예요), 투명망토는 현재 실험실에서 만들 수 있다고 해요. 과연 그 원리는 무엇일까요?

우리 눈에 보이는 빛은 하얀색이지만 사실 그 속에는 무지개처럼 여러 색깔이 숨어 있어요. 물체는 빛을 받으면 이 여러 색깔 중에 어느 것은 흡수하고 어느 것은 반사 시켜요. 우리 눈은 반사된 빛으로 색깔을 구분하지요. 이때 물체가 모든 빛을 반사

하면 검게 보이고, 통과시키면 투명하게 보여요.

즉 투명망토를 만들기 위해서는 빛이 망토에 닿지 않고 돌아 나오게 만들어야 해요. 그러면 우리 눈에 보이지 않게 되지요. 하지만 자연에는 이런 물질이 존재하지 않아요. 그래서 과학자들은 인위적으로 빛을 굴절시키는 물질을 개발했어요. 그게 바로 메타물질이에요. 메타물질로 감싼 물체는 빛뿐만 아니라 전자파나 음파로도 감지할 수 없어요.

메타물질은 적에게 몸을 숨겨야 하는 항공기나 군함 등에 적용할 수 있어요. 그 외에도 효율 높은 태양전지나 방음 시설에도 메타물질을 사용하기 위해 연구가 이루어지고 있답니다.

하지만 느낄 수 없고 볼 수 없는 무언가가 분명히 내 눈앞에 있다고 생각하면 왠지 으스스한 일이기도 해요. 이런 신소재가 옳은 일에 사용될 수 있도록 관심을 가지는 것도 우리 모두의 책임이겠지요?

아주 강하고 멀리까지 전달되는 빛은 무엇일까요?

놀이동산에서 열심히 놀다 보니 어느새 폐장 시간이 다 되었어요. 마지막 레이저 쇼를 보기 위해 광장으로 달려갔지요. 깜깜한 하늘에 곧게 뻗어 나가는 다양한 색의 화려하고 아름다운 레이저 쇼는 정말 너무 멋있었어요.

레이저는 빛을 한 방향으로 진행하는 기술이에요. 원래 빛은 잘 퍼지고 멀리 가지 못해요. 아주 쉬운 예로 손전등을 떠올려 보세요. 손전등으로 빛을 비춰 보면 가까운 곳은 밝지만, 먼 곳은 흐릿해서 잘 보이지 않아요. 하지만 레이저는 거리가 아무리 멀어도 빛의 세기가 거의 줄어들지 않아요. 이러한 특성은 실생활에서 거리나 위치를 측정하는 데 아주 유용하게 사용되고 있어요.

레이저는 얼마나 강한지 달까지 닿을 수 있어요. 1969년 미국의 아폴로 11호가 달에 착륙했을 때 우주인은 달에 레이저 반사경을 설치했어요. 반사경이란 들어오는 방향으로 빛을 다시 반사하는 거울이에요. 지구에서 발사한 강한 레이저가 이 반사경에 부딪혔다가 반사되어 다시 지구로 돌아오는 시간을 재면 지구와 달 사이의 거리를 정확하게 측정할 수 있어요.

레이저 빛을 하나의 점에 쏠 수 있을 정도로 모으면 병원에서 사용하는 수술칼의 역할을 대신하기도 해요. 레이저 수술은 피를 흘리지 않아도 될 뿐만 아니라 수술 후에 흉터가 적고 회복이 빨라요. 그 외에도 금속을 깔끔하게 잘라 내거나 상품의 바코드를 찍거나 프린터기에 사용되어 빠르게 인쇄물을 출력하기도 하지요.

물건마다 스티커와 라벨을 붙이기 위해 과해지는 포장으로 환경 문제가 많이 일어나지요. 해외에서는 이 문제를 해결하는 데 레이저를 사용하고 있어요. 포장 대신 레이저로 농산물의 겉면에 정보를 새기는 기술을 사용하는 것이에요. 이처럼 레이저는 실생활에서 유용하게 사용되고 있지요.

지구상에서 가장 가벼운 고체는 무엇일까요?

지구상에서 가장 가벼운 고체로 기네스북에 오른 물질이 있어요. 바로 '에어로젤'이에요. '에어로'는 공기를 의미하며, 에어로젤은 실제로 98.2%가 공기로 이루어져 있어요. 그렇다면 나머지는 무엇으로 채워져 있을까요?

맨 처음 만들어진 에어로젤에는 유리의 주재료인 규소를 사용했어요. 그 후로 알루미늄, 크롬, 탄소로 만드는 방법이 개발되었지요.

너무 가벼워서 훅 불면 날아갈 것 같은 에어로젤이지만 놀랄 만한 강도를 가지고 있어요. 단지 500g 정도의 에어로젤이 소형 자동차 무게를 견딜 수 있을 정도랍니다. 또한 부피의 대부분을 차지하는 공기 덕분에 열을 차단하는 능력이 아주 뛰어나지요. 불 위에 에어로젤을 올려놓고 그 위에 손을 올려놓아도 뜨겁지 않을 정도라고 해요.

이런 에어로젤의 능력은 여러 곳에 사용되어요. 우주선이 지구의 대기권을 벗어날 때는 엄청나게 뜨거운 열을 견뎌야 하는데, 이때 단열재로 사용되는 것이 바로 에어로젤이에요. 이뿐만 아니라 어느 정도 상용화되었기 때문에 스키복이나 부츠, 장갑 등 겨울에 입는 의류에도 사용되고 있고, 건물 바깥 벽에 단열재로도 사용되고 있어요. 자동차의 혁신 소재로도 개발되고 있어요. 단열재로 사용되는 특성을 이용해 추위에도 시동이 걸릴 수 있도록 엔진룸에 활용하는 방법을 개발하고 있답니다.

 최근에는 플라스틱에서 에어로젤을 만드는 방법이 개발되었어요. 이 기술이 상용화된다면 버려진 페트병을 에어로젤로 재탄생시킬 수 있을 거예요. 이뿐만 아니라 버려지는 의류 폐기물로도 만드는 '코튼 에어로젤'도 개발돼 곧 시장에 나올 거라고 해요. 버려지는 쓰레기에서 우리의 삶에 도움을 주고 환경도 구하는 신소재를 만들어 낸다니 정말 멋지지 않나요?

고체도 액체도 기체도 아닌 물질 상태가 있을까요?

다음 물질들은 고체와 액체, 기체 중 어느 것일까요?
오렌지주스, 의자, 공기, 번개

오렌지주스는 액체이고, 의자는 고체, 공기는 기체…. 그런데 번개는 도통 모르겠다고요? 정답은 '셋 다 아니다'예요. 그럼 번개는 어떤 상태일까요?

물은 0℃ 이하에서 꽁꽁 얼어서 얼음(고체)이 되고, 녹으면 물(액체)가 되었다가 100℃가 되어 끓으면 수증기(기체)가 되지요. 그런데 만약 100℃보다 훨씬 더 높은 온도, 그러니까 3,000℃ 이상으로 끓인다면 어떻게 될까요? 수증기를 이루던 알갱이들이 더 잘게 쪼개지고 나누어져서 기체 상태보다도 더 자유롭게 돌아다니게 되어요. 이런 상태의 물질을 플라스마라고 하지요.

플라스마는 지구 환경에서는 거의 존재하지 않지만 우주는 거

의 모든 물질이 플라스마 상태라고 해요. 별을 이루는 물질이나 별을 둘러싸는 주변 공간도 대부분 플라스마 상태이지요. 그래서 우리는 종종 하늘에 나타나는 플라스마를 관측할 수 있어요. 이글이글 타오르는 태양, 추운 북극 지방의 오로라 그리고 번쩍이는 번개 등이 바로 플라스마 현상이지요.

플라스마를 인공적으로 만들면 유용하게 사용할 수 있어요. 각 방마다 있는 형광등은 플라스마 상태에서 빛을 내는 거예요. 또 나쁜 냄새를 없애는 능력이 있어 탈취제나 공기 청정기 등에 쓰이기도 하지요. 플라스마가 가진 강한 폭발력을 이용하면 차세대 우주 왕복선의 연료로도 사용할 수 있을 거라 기대하고 있답니다.

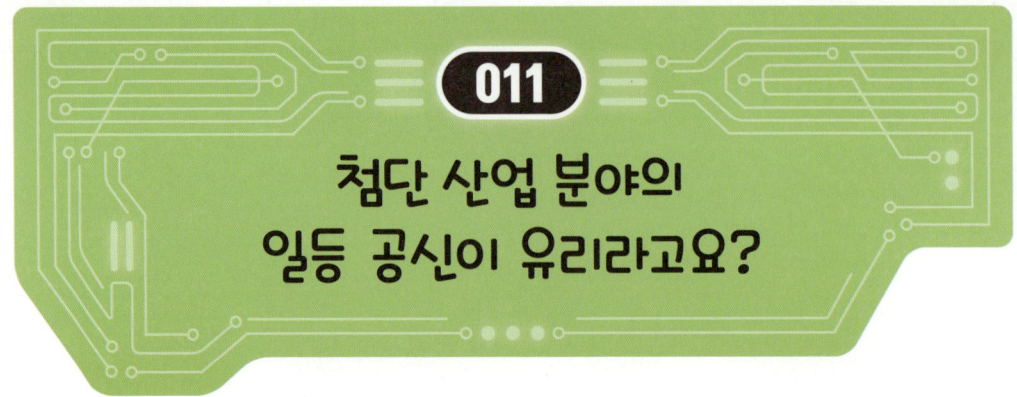

011
첨단 산업 분야의 일등 공신이 유리라고요?

창문, 병, 안경렌즈, 거울, 반찬통…

유리는 이처럼 일상생활에서 아주 흔하게 볼 수 있는 물질이에요. 유리는 이미 기원전 3000년경 메소포타미아에서부터 사용되었던 것으로 전해지며, 많은 유물이 발견되었어요. 다양한 분야에서 사용되면서 사람들에게 사랑받던 유리가 차츰 가볍고 다루기 쉬운 플라스틱이나 비닐 등에 자리를 많이 내주기도 했지요. 하지만 대형유리나 강화유리 등 새로운 기술이 개발되면서 최첨단 소재로 다시 한 번 사랑받고 있지요.

흔히 유리는 약하고 깨지기 쉽다고 생각해요. 하지만 뜨거운 열을 가해 강도를 높인 강화유리를 보면 생각이 달라지지요. 이런 강화유리는 스마트폰이나 TV 등의 화면으로 사용되며 오랜 시간 사용해도 색이 변하지 않고 잘 긁히지도 않아요. 자동차 창문에도 강화유리가 사용되지요. 강화유리는 사고가 나더라도 유리 파편이 튀지 않아 큰 부상을 막을 수 있어요.

건축에 사용되는 유리도 점점 발전하고 있어요. 유리와 유리 사이에 공기를 채운 이중유리는 열을 차단하고 방음 효과도 있어 흔하게 사용되고 있어요. 최근에는 두 장의 유리 사이를 진공(물질이 없는 빈 상태)으로 만들어 그 유리들을 하나로 붙인 진공유리도 개발되어 생산되고 있어요. 진공유리는 이중유리보다 열을 차단하는 성능이 훨씬 뛰어나지요.

빛을 잘 통과시키는 유리의 성질을 이용해 빛을 감지하는 센서를 만들 수도 있어요. 또 얇고 투명한 유리 섬유를 이용해 광섬유를 만들어 그 안에 빛을 쏘아 정보를 빠르게 전달할 수도 있지요. 이처럼 유리는 여러 전자기기를 더욱 똑똑하게 만들고 있답니다. 유리가 앞으로 어떻게 변하는지 눈여겨본다면 미래의 모습을 미리 그려볼 수도 있을 거예요.

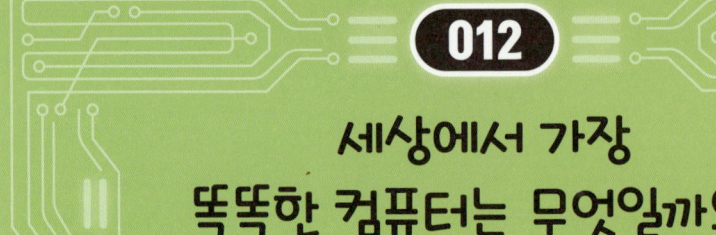

012

세상에서 가장 똑똑한 컴퓨터는 무엇일까요?

슈퍼맨은 사람보다 훨씬 뛰어난 능력을 가지고 있어요. 맨손으로 강철을 구부리거나 날아가는 총알을 잡기도 하지요. 사람이 듣지 못하는 소리를 들을 수도 있고, 한 번 본 것은 모조리 다 기억해요.

컴퓨터를 단순하게 정의하면 전자회로를 이용한 고속의 자동 계산기라고 할 수 있어요. 사람보다 훨씬 빠른 속도로 연산이 가능하지요. 이런 컴퓨터 중에서도 더 뛰어난 능력을 갖춘 슈퍼컴퓨터가 있어요.

특히 요즘은 슈퍼컴퓨터가 아니면 연구가 불가능한 분야가 많아졌어요. 우주 연구나 기상 관측, 사람의 유전 정보 등 엄청난 양의 데이터 분석이 필요한 곳이 많아졌기 때문이에요. 이런 분석을 일반 컴퓨터로 하면 너무 오랜 시간이 걸리기 때문에 슈퍼컴퓨터가 꼭 필요하지요. 슈퍼컴퓨터를 이용하면 과학기술 연구에 드는 비용

과 시간이 크게 절약돼요.

　한 나라의 과학기술이 얼마나 발달했는지는 그 나라의 슈퍼컴퓨터를 보고 가늠하기도 해요. 그래서 나라마다 슈퍼컴퓨터에 큰 관심을 가지고 개발하려고 노력하지요.

　그런데 슈퍼컴퓨터의 기준은 딱 정해진 것이 아니라서 모호해요. 지금 이 순간에도 컴퓨터의 성능은 끊임없이 발전하고 있기 때문이에요. 그래서 전문가들이 모여 슈퍼컴퓨터의 기준을 만들었어요. 세계의 모든 컴퓨터를 성능에 따라 500위까지 등수를 매기고, 여기에 속하는 컴퓨터를 슈퍼컴퓨터라고 부르기로 한 거예요. 이 등수는 매년 6월과 11월에 공개되지요. 즉 올해는 슈퍼컴퓨터였지만, 내년에는 슈퍼컴퓨터가 아닐 수도 있는 거예요.

　우리나라에서는 기상청과 한국과학기술정보연구원(KISTI), 국가핵융합연구소(NFRI)에서 슈퍼컴퓨터를 사용하고 있고, 현재도 세계 슈퍼컴퓨터의 목록에 당당하게 그 이름을 올리고 있답니다.

강한 인공지능과 약한 인공지능이 뭐예요?

로봇이 지구와 인간을 지배하는 세상에서 나는 자유를 찾아 정신없이 도망치고 있어요. 그런데 갑자기 무섭게 생긴 로봇이 나타나 내 팔을 붙잡아요. 번쩍거리는 빨간 두 눈이 나를 쏘아 봐요. 으악, 살려 주세요!

겨우 눈을 뜨니 방안이에요. 후유, 꿈이었던 모양이에요. 정말 다행이지요. 로봇이 사람을 공격하는 무서운 일이 실제로도 일어날까요?

컴퓨터가 사람처럼 스스로 생각하고, 이해하고, 행동하게 만드는 기술을 인공지능이라고 해요. 인공지능이 있으면 로봇은 마치 진짜 사람처럼 행동할 수 있다고 해요.

이런 인공지능은 크게 '약한' 인공지능과 '강한' 인공지능으로 나눌 수 있어요. 약한 인공지능은 인간의 다양한 능력 가운데 일부만 따라 할 수 있어요. 정해진 규칙에 따라 행동하며 인간이 내린 명령 외에는 다른 일을 하지 못하지요. 내비게이션, 외

국어 자동번역기 등 약한 인공지능의 경우는 우리 주변에서 쉽게 찾아볼 수 있지요. 강한 인공지능은 아직 개발되지 않았어요. 하지만 만약 만들어진다면 사람처럼 자아를 가질 거라고 해요. 사람이 시키지 않아도 필요한 일이라면 행동하고, 인간과 대화하고 함께 생활하는 데 문제가 없으며 오히려 어떤 면에서는 인간보다 훨씬 뛰어날 수도 있지요. 사람들은 강한 인공지능이 개발되기를 기대하면서도 동시에 두려워하지요.

 전문가들은 인간을 초월하는 로봇이 나오기는 쉽지 않고, 만약 나온다고 해도 대응할 기술을 만들기에 시간이 충분하다고 말해요. 그보다는 인공지능 연구에서 얻을 수 있는 이득을 생각해야 한다고 말하지요. 어떤 결과가 만들어지든 인공지능이 우리 사회에 미칠 영향을 충분히 생각하면서 기술을 발전시켜야 한다는 사실은 분명해요.

컴퓨터가 스스로 학습할 수 있다고요?

알파고는 세계 최고의 바둑기사들과 대국을 벌여 승리를 거두면서 전 세계를 떠들썩하게 만들었던 인공지능 바둑 프로그램이에요. 알파고가 세계 최고의 바둑 실력을 갖추게 된 데에는 인공지능이 스스로 학습하게 하는 기술인 '딥러닝'의 역할이 컸어요.

알파고의 딥러닝은 어떻게 이루어졌을까요? 알파고는 먼저 기보(한판의 바둑을 둔 기록)를 보며 바둑알을 어디에 어떻게 두어야 할지를 익혔어요. 모두 16만 건의 기보를 학습한 후에는 사람처럼 바둑을 둘 수 있게 되었어요. 하지만 기보만 익히다 보면 정해진 수를 벗어나지 못해요.

실력을 키우기 위해 알파고는 자기 자신과 바둑을 두었지요. 승리가 결정되면 알파고는 이긴 쪽의 전략을 학습할 수 있었어요. 이런 식으로 대국을 반복하면서 알파고는 점점 세밀한 전략을 세

울 수 있게 되었어요. 이렇게 5주간 학습한 결과, 알파고는 여러 바둑 프로그램들과의 대국에서 495전 494승이라는 놀라운 결과를 거두었어요.

 알파고는 2016년 세계 최고의 프로기사인 이세돌 9단과의 대국에서 모두의 예상을 깨고 4승 1패로 승리하며 세계를 놀라게 했지요.

 주어진 데이터를 스스로 분석해 필요한 정보를 습득하고 이를 바탕으로 예측하고 판단하는 능력을 키우는 학습 방법을 뜻하는 알파고의 딥러닝 기술은 현재 여러 분야에 적용되고 있어요. 도시의 교통 시스템에 활용해 교통 상황에 맞게 적절히 조절해 도로가 막히는 일을 줄여 주고, 1년 반 후의 엘니뇨 발생을 예측하는 기술이 개발되기도 했어요.

 스스로 생각하고 학습하는 컴퓨터가 지금보다 더 발전한 모습으로 나타난다면, 인류가 오랫동안 해결하지 못했던 여러 문제가 쉽게 해결될지도 모른답니다.

미래의 디스플레이는 어떤 모습일까요?

스마트폰, 컴퓨터, TV, 광고판 등 우리는 매일 수시로 다양한 화면을 보면서 생활하지요. 친구와 연락하는 것도, 날씨나 뉴스를 확인할 때도 화면을 통해 확인하는 것이 익숙해요. 이처럼 다양한 정보를 화면을 통해 보여주는 장치를 디스플레이라고 해요. 대부분의 디지털 기기는 디스플레이를 가지고 있어요. 우리에게 익숙한 이런 디스플레이도 기술이 발달하면서 그 모습이 다양하게 바뀌고 있답니다.

처음 개발되었던 디스플레이 기술은 더 얇게 만드는 것에 초점이 맞추어져 있었어요. 예전에는 두껍고 무거워서 거실장 위에 올려 두었던 TV는 이제 액자처럼 벽에 걸 수 있을 정도로 얇아졌어요.

이제 사람들은 마치 종이처럼 구부리거나 접을 수 있는 폴더블 디스플레이를 만들어냈어요. 한 번 접히는 스마트폰은 이미 상용화되어 판매되고 있고, 앞으로는 두 번,

세 번 아니 그 이상으로 마치 병풍처럼 접히는 스마트폰이 나오게 될지도 몰라요.

접는 폰에서 한 걸음 더 나아가 돌돌 두루마리처럼 말리는 디스플레이가 연구되고 있어요. 폴더블 디스플레이는 접으면 두께가 두꺼워지지만, 큰 화면이라도 폈다가 돌돌 말면 부피가 줄어들어 손쉽게 들고 다닐 수 있을 거예요. 현재 우리나라 기업에서는 이런 롤러블 TV를 개발하여 2019년 처음 선보였답니다.

구깃구깃 구겨져도 화질이 그대로 유지되는 디스플레이도 개발되고 있다고 해요. 디스플레이가 울퉁불퉁한 면에 부드럽게 들어갈 수 있는 기술로, 이 기술이 완성된다면 미래에는 집 벽면을 종이 대신 디스플레이로 도배할 수 있을지도 몰라요. 언제든지 방 주위를 원하는 색이나 화면을 선택해 바꿀 수 있고, 온종일 멋진 자연풍경을 보며 생활할 수도 있게 되겠지요.

인터넷에서 어떻게 개인 정보를 지킬 수 있을까요?

오늘 오전 2시, ○○○사이트가 해킹으로 인해 30만 건이 넘는 회원의 개인정보가 유출되었습니다. 유출된 정보는 고객 아이디와 이름, 생년월일, 전화번호 등이 포함되어 있으며….

종종 뉴스에서 들리는 사건 소식이지요. 사람들이 점점 쇼핑이나 은행 업무 등 많은 일을 직접 하기보다 인터넷으로 하게 되면서 개인정보의 유출에 대한 걱정 역시 커지고 있지요.

물론 개인정보는 아무나 함부로 들여다볼 수는 없어요. 암호 기술이 개인정보를 보이지 않게 지켜 주고 있기 때문이지요. 그렇다면 이런 유출 사고는 왜 자꾸 일어나는 걸까요? 대개 정보 유출은 암호화시킨 정보를 풀었다가 다시 암호화하는 과정을 반

복하는 중에 발생해요. 이 과정에서 여러 사람이 정보에 다가갈 수 있는 상황이 일어나지요.

현재 우리가 사용하는 암호의 대부분은 그 상태로는 분석할 수가 없어요. 개인의 정보가 암호화된 상태로 수집되었더라도, 그 암호를 풀어서 개인 정보가 담긴 원래 정보로 분석해야 하지요. 그래서 보안을 담당하거나 통계를 내고 분석하는 사람들에게도 개인정보가 노출될 수 있어요.

이런 문제점을 해결하기 위해 새로운 암호기술을 개발해 냈어요. 바로 '동형암호'예요. 동형암호는 암호를 풀지 않은 상태에서도 덧셈이나 곱셈 같은 연산을 할 수 있지요. 암호가 걸린 상태에서도 통계 분석을 할 수 있어 개인정보를 확인하는 사람을 최대한 줄일 수 있답니다. 정보가 암호화돼 있기 때문에 정보가 유출되더라도 개인 정보가 노출되지 않아요. 동형암호는 우리나라 연구진이 2020년 처음으로 상용화하는 데 성공했어요. 이 기술이 안착하면 보안 걱정 없는 미래를 기대할 수 있을 거예요.

017
4차 산업혁명을 이끌 핵심 부품은 무엇일까요?

 '반도체'라는 단어를 들어본 적 있나요? 반도체를 알기 위해서는 먼저 도체와 부도체에 관해 알아야 해요. 도체는 금속처럼 전기가 잘 통하는 물질이고, 부도체는 고무나 플라스틱처럼 전기가 잘 통하지 않는 물질이에요. 이 두 물질의 중간 성질을 가진 것이 바로 반도체예요.

반도체는 특정 조건에서만 전기가 통하는 물질이에요. 따라서 전기의 흐름을 닫거나 열어서 조절할 수 있어요. 이런 반도체의 성질은 우리 일상생활에 깊숙하게 자리 잡아 다양한 전자제품에 널리 사용되고 있지요. 사람들이 매일 사용하는 스마트폰이나 컴퓨터에도 반도체가 들어 있어요.

반도체는 용도에 따라 메모리 반도체와 비메모리 반도체로 나눌 수 있어요. 메모리 반도체는 기억을 뜻하는 영어 메모리(memory)라는 말에서 가져온 것처

럼 정보를 저장하고 기억하는 역할을 해요. 비메모리 반도체는 메모리 반도체를 제외한 반도체를 뜻하지요. 우리나라는 그동안 메모리 반도체 기술은 세계 1위를 자랑할 만큼 뛰어났지만 비메모리 반도체 부분은 상대적으로 열악했던 게 사실이에요. 하지만 비메모리 반도체 중 정보 처리 역할을 하는 시스템 반도체의 관심이 높아지면서 기술 개발에 박차를 가하고 있지요. 컴퓨터에서 파일을 열거나 스마트폰에서 사진을 찍는 등 전자기기가 다양한 기능을 수행할 수 있는 것이 바로 시스템 반도체 덕분이랍니다.

시스템 반도체는 4차 산업혁명의 아주 중요한 핵심 부품으로 주목받고 있어요. 인공지능, 자율주행자동차, 사물인터넷 등도 시스템 반도체 없이는 불가능하지요. 그래서 과학자들은 좀 더 성능이 뛰어난 시스템 반도체를 개발하기 위해 연구하고 있어요. 앞으로는 누가 더 뛰어난 시스템 반도체를 개발하느냐에 따라 전자기기의 성능이 크게 달라질 거예요.

손톱 크기만 한 칩으로 사람의 뇌처럼 생각할 수 있다고요?

다음 중 고양이는 무엇인가요?

 이게 무슨 문제냐고요? 생각할 필요도 없이 바로 답이 나올 정도로 너무 쉽다고요? 물론 사람에게 낸 문제라면 너무 쉽지만 답을 맞혀야 하는 게 컴퓨터라면 쉽지만은 않은 문제예요. 컴퓨터가 이 문제를 풀려면 어떤 과정이 필요할까요?
 컴퓨터가 여러 동물 사진을 구별하려면 엄청난 양의 정보를 먼

저 학습해야 해요. 고양이를 포함한 수많은 동물 사진을 입력해 비교 분석하는 과정이 필요하지요. 이를 위해 수많은 장치와 엄청난 양의 전기가 필요해요.

반면, 사람의 뇌는 뉴런이라고 불리는 신경세포들로 복잡하게 연결되어 있어요. 뉴런은 1,000억 개가 넘고 뉴런과 뉴런을 연결하는 시냅스는 무려 100조 개가 넘어요. 사람의 뇌는 이 수많은 뉴런과 시냅스가 서로 병렬로 연결되어 있어 일할 때는 연결이 이어졌다가 끊어지는 것을 반복하면서 에너지를 최소로 사용하지요. 덕분에 사람의 뇌는 고양이 사진을 골라내는 데 큰 에너지가 필요하지 않아요.

이런 사람의 뇌신경을 모방해 만든 것이 뉴로모픽 칩이에요. 그동안의 반도체는 저장과 연산 기능이 나누어져 있었지만, 뉴로모픽 칩 기술은 하나의 반도체로 모두 가능해졌어요. 이런 뛰어난 성능으로 기존의 반도체보다 전기 소모량이 10억분의 1로 줄었다고 해요.

차세대 인공지능으로 불리는 뉴로모픽 칩의 개발은 지금도 활발하게 연구하고 있어요. 수많은 데이터를 한꺼번에 처리해야 하는 분야가 많아지면서 뉴로모픽 칩의 역할에 큰 기대를 하고 있답니다.

019

자연의 색을 그대로 담아내는 기술이 있다고요?

전자제품 매장 앞을 지나가다 보면 대형 TV 화면들이 펼치는 화려함에 저절로 발길이 멈추지요. 꽃이나 물감, 과일에 맺힌 물방울까지 아주 세밀하고 선명한 색을 보고 있노라면 정말 놀라워요. 어떻게 이렇게 자연의 색을 그대로, 아니 오히려 더 진짜처럼 담아낼 수 있는 걸까요?

현재 우리가 사용하는 디스플레이는 크게 액정디스플레이(LCD)와 유기발광다이오드(OLED)로 구분되어요. TV 같은 대형 디스플레이에 가장 많이 사용되는 LCD는 뒤에서 쏜 빛이 액정과 필터를 차례로 통과하면서 화면이 나타나는 원리지요. 스마트폰처럼 작은 화면은 OLED가 대부분을 차지하고 있어요. OLED는 스스로 빛을 내는 물질을 가지고 있어서 LCD보다 더 생생하고 자연스럽게 색을 표현하지요. 하지만 그동안 큰 화면을 만들어 내기는 어려워 스마트폰같이 작은 기기에 주로 사용했어요. 그러다 점점 기술이 발달하면서 TV에도 적용되고 있지요.

최근에는 퀀텀닷이라는 새로운 소재가 주목받고 있어요. 퀀텀닷은 양자점이라는 뜻으로, 빛을 받으면 각각 다른 색을 내는 양자를 나노미터 크기의 아주 작은 반도체 입자로 만든 거예요. 퀀텀닷은 크기에 따라 방출되는 빛의 색깔이 변하는데, 이 소재를 필름 형태로 만들어 디스플레이에 입히면 기존의 LCD나 OLED가 나노 크기만큼이나 세밀하고 정확한 색을 표현할 수 있다고 해요. 최근 우리나라에서 만든 퀀텀닷 TV는 약 10억 개의 색을 표현할 수 있어요.

우리 눈으로 구름을 보면 비슷한 흰색이라도 조금씩 다르게 보이지만 지금의 TV는 그 미세한 차이를 전부 다 표현해 내지 못해요. 그런데 퀀텀닷을 사용하면 밝은 부분은 더 밝고 선명하게, 어두운 부분은 더 세밀하게 표현할 수 있다고 하니 앞으로는 사람의 눈보다 더 선명하고 정확하게 세상을 비추어 줄 거예요.

전 세계가 광케이블로 뒤덮여 있다고요?

우리가 인터넷을 이용하거나 국제전화를 할 수 있는 것은 세계를 연결하는 광케이블, 그 가운데도 바다를 이용한 해저광케이블 덕분이지요. 그 덕분에 사람들은 아무리 멀리 떨어져 있어도 언제든 연락을 주고받을 수 있게 되었어요.

광케이블은 다량의 정보를 신속하게 보내기 위해 광섬유로 만든 전력선이에요. 이런 광케이블이 세계 곳곳을 연결하고 있어서 세계가 하나로 연결될 수 있지요.

물론 무선 기술 덕분에 선이 연결되어 있지 않더라도 빠른 통신이 가능하지만 아주 먼 곳은 속도가 느려지기도 하고, 깊은 산지나 바다 한가운데에서는 통신이 힘든 경우가 많아요. 빠르고 안정적인 통신을 하기 위해서는 전선을 이용해야 하지요.

특히 해저광케이블은 나라와 나라 사이의 통신을 위해 꼭 필

내 목소리 들리니?

요한 전선이에요. 케이블을 타고 엄청난 양의 정보가 오가지요. 그렇다면 케이블의 두께가 엄청 두꺼워야 할 거 같지요? 하지만 놀랍게도 광케이블의 굵기는 겨우 팔뚝 정도예요. 거기다 순수하게 정보를 전달하는 광섬유는 연필심 굵기도 되지 않아요. 부식이나 고장을 막기 위해 여러 금속으로 감싸고 있기 때문에 굵어진 거예요.

바닷속에서는 종종 화산이 폭발하거나 지진이 일어나서 케이블이 끊어지는 사고가 일어나기도 해요. 이러한 자연 현상은 깊은 바닷속에서 일어나는 일이라 정확한 측정을 하기 어려웠지요. 하지만 해저광케이블을 이용해 바닷속에서 일어나는 지진을 관측할 수 있다는 연구가 발표되었어요. 즉 전 세계 바닷속에 묻혀 있는 광케이블이 모두 지진 탐사에 사용될 수 있는 거예요. 그렇다면 쓰나미 같은 자연재해를 이전보다 더 빠르게 예보할 수 있게 될 거예요.

정말 다재다능한 전선이 아주 깊은 곳에서 우리를 서로 연결해 주고 지켜 주고 있는 것 같지 않나요?

그럼, 바로 들리지!

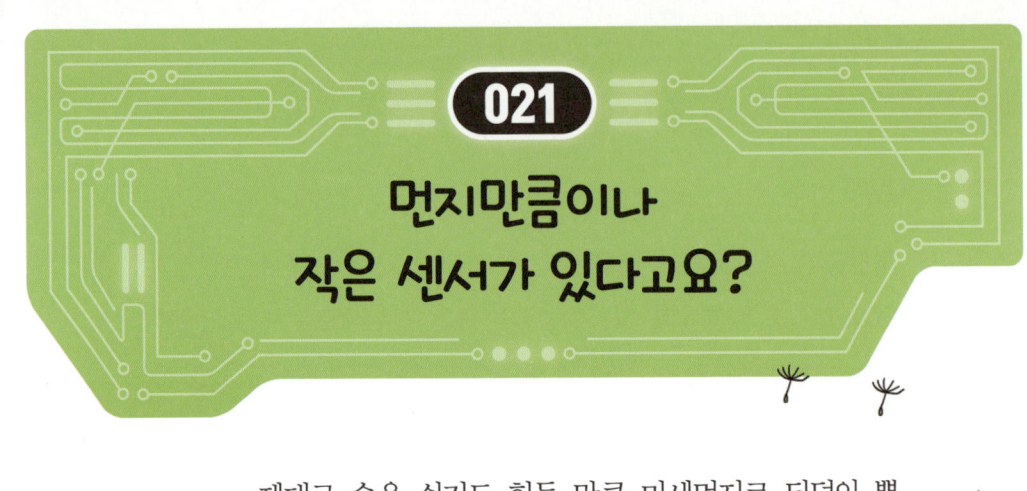

021
먼지만큼이나 작은 센서가 있다고요?

제대로 숨을 쉬기도 힘들 만큼 미세먼지로 뒤덮인 뿌연 하늘은 쳐다보기만 해도 가슴이 답답해요. 사실 생활 속에서 먼지가 없는 공간은 없어요. 우리가 움직일 때마다 먼지는 일어나지요. 먼지만 생각하면 골치가 아프다고 하기도 해요. 하지만 우리에게 도움을 주는 유익한 먼지도 있어요. 바로 똑똑한 먼지라는 뜻의 '스마트더스트'예요.

스마트더스트는 먼지 크기의 센서로 생활하는 공간에 뿌려 놓으면 주위 정보를 파악해 관리하는 기술이에요. 크기는 가로, 세로, 높이가 각각 1mm밖에 되지 않는 초소형 센서이지요. 스마트더스트는 처음에 군사 목적으로 개발되었어요. 적의 진영에 몰래 들어가 무기나 군의 움직임 등을 추적하기 위해 사용되었지요.

 최근에는 재난을 예방하는 데 유용하게 사용될 것이라고 기대하고 있어요. 예를 들어 공기의 흐름을 파악해 재빠르게 기상청에 전송하면 더 정확한 기상 예보가 가능해져, 이상 기후로 인한 피해를 막을 수 있지요. 또 사람이 접근하기 힘든 오염된 지역이나 화산 지대에도 쉽게 들어가 관측할 수 있어요.

 이뿐만이 아니에요. 농업에도 유용하게 사용할 수 있어요. 농작물이나 토양의 상태, 해충 등을 파악해 빠르게 대처할 수 있게 도울 수 있지요. 집안에 뿌려 두면 자동으로 쾌적한 공기를 만들어 주거나 가스가 새는 것을 빠르게 알려 줄 수도 있어요. 지하철이나 고층 건물에 뿌리면 진동을 감지해 지진이 났을 경우 빠르게 대비해 피해를 막을 수도 있지요.

 아직은 밀리미터 크기이지만, 마이크로미터 수준으로 줄이기 위해 계속해서 과학자들이 연구하고 있어요. 물론 개인의 사적인 정보가 무분별하게 수집될 수 있다는 문제는 해결되어야 하지만 우리 일상에 유익함을 줄 수 있는 기술로 개발되길 바라고 있답니다.

전자 코로 냄새 맡고, 전자 혀로 맛을 느낀다고요?

"국이 조금 짠 것 같은데?"
"아니야, 조금 싱거운 것 같아."
저녁 식사를 하는데 엄마가 끓여주신 된장찌개 맛을 두고 가족끼리 의견이 갈렸어요. 같은 된장찌개 맛인데 말이에요.

사람마다 선호하는 입맛이 다 달라요. 그래서 같은 음식을 놓고 먹어도 그 맛을 다르게 느끼지요. 그렇다고 해서 일상생활에 큰 문제가 되는 건 아니에요. 하지만 식품이나 약을 개발할 때는 최대한 정확하게 맛을 표현하는 것이 중요해요.

과학자들은 사람의 코나 혀의 기능을 하는 전자 코와 전자 혀를 활발하게 연구하고 있어요. 둘의 원리는 비슷해요. 전자 코는 기체 상태의 물질을, 전자 혀는 액체 상태의 물질을 센서로 감지해서 성분을 분석하지요. 단, 사람보다 훨씬 더 민감하게 반응해요.

전자 코는 사람이 맡을 수 없을 정도로 미미한 썩는 냄새도

　잡아낼 수 있어요. 그래서 이 전자 코를 이용하면 냄새 맡는 것만으로도 음식이 얼마나 신선한지를 판단할 수 있고, 잘 익은 복숭아를 찾아낼 수도 있지요. 전자 혀는 다양한 맛을 구분해 낼 수 있어요. 쓰고 달고 시고 짜고 맵고, 거기에 떫은맛까지 정확하게 구분해요. 뿐만 아니라 그 정도를 객관적인 수치로 표시할 수 있어요.

　전자 혀와 전자 코는 농산물이 외국산인지 국내산인지 금방 밝혀낼 수 있고, 더 나아가 재배지까지 추정할 수 있지요. 자라는 곳의 토양과 기후, 온도는 독특한 냄새로 나타나기 때문이에요. 그뿐이 아니에요. 핵발전소나 가스 저장시설 등 사람들이 접근할 수 없는 곳에 설치되어 그곳 상황을 즉각 알려 줄 수도 있다고 하니 그 쓰임새는 점점 더 넓어질 거라고 해요.

023

소방복과 우주복은 무엇으로 만들까요?

사람들은 자신이 좋아하는 색깔과 디자인으로 된 옷을 선택해 입는 것으로 개성을 나타내지요. 하지만 옷을 입는 가장 기본적인 목적은 추위와 더위로부터 몸을 보호하기 위해서예요. 옷을 만드는 재료는 동식물에서 얻을 수 있는 섬유로 만들지만 나일론처럼 인공적으로 만든 합성섬유도 많이 사용하고 있어요.

평소에 입는 옷 외에 특수한 상황에서 입어야 하는 옷도 있어요. 불길을 뚫고 화재 현장에 들어가야 하는 소방복, 지구와는 완전히 다른 극한 환경에서 몸을 보호해야 하는 우주복이 대표적인 예지요. 이런 특수복들은 우리가 일상적으로 입는 옷의 섬유로 만들면 위험해서 훨씬 강력한 특수 섬유로 만들어야 하지요.

미국의 화학회사인 듀폰에서 맨 처음 개발한 아라미드 섬유는 500℃까지도 타거나 녹지 않고 견딜 수 있지요. 아주 질길

 뿐만 아니라 튼튼해서 5mm 굵기의 가느다란 실이 자동차를 들어 올릴 수 있을 정도라고 해요. 이 아라미드 섬유를 이용해 소방복을 만들면 소방관들을 뜨거운 열에서 보호할 수 있어요.
 우주복도 마찬가지예요. 우주 공간은 영하 270℃까지 내려가고 햇빛이 닿으면 100℃로 급작스럽게 올라가지요. 사람이 살 수 없는 최악의 조건이에요. 하지만 아라미드 섬유를 사용해 우주복을 만들면 이런 우주 공간에서도 우주인의 몸을 보호할 수 있어요.
 현재 과학자들은 아라미드 섬유의 성능을 더 높이려고 연구하고 있어요. 지금의 소방복과 우주복은 무게가 많이 나가고 부피가 커서 팔다리를 자유롭게 움직이기 불편하기 때문이에요. 더 가볍고 단단한 특수 섬유가 개발된다면 소방복과 우주복은 지금보다 날씬해져서 소방관과 우주인이 마치 평상복을 입은 것처럼 움직일 수 있게 될지도 몰라요.

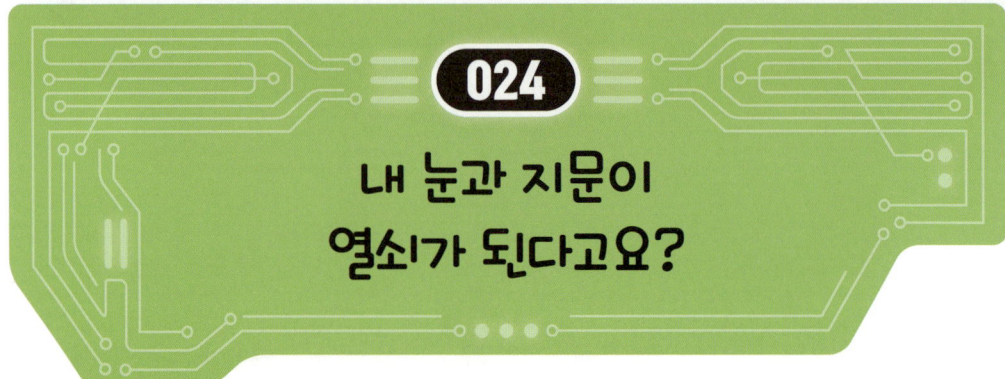

내 눈과 지문이 열쇠가 된다고요?

삑삑삑삑. 문이 열렸습니다.

굳게 닫혀 있던 현관문이 비밀번호를 누르자마자 스르르 열렸어요. 비밀번호로 무장하고 있는 현관문을 열 수 있는 사람은 비밀번호를 아는 사람뿐이지요. 그러니까 우리 가족 외에는 집에 함부로 들어올 수 없어요. 그런데 만약 내가 비밀번호를 누르는 것을 누군가 엿보다가 알게 되면 어떻게 될까요? 알게 된 비밀번호로 나쁜 마음을 먹으면 어떡하죠? 그래서 단순히 숫자로 지정된 비밀번호만으로는 충분히 안전하지 않을지 몰라요. 더 안전한 방법은 없을까요?

사람들은 다른 사람이 훔치거나 복제하기 힘들고, 특정 개인만이 사용할 수 있는 방법을 연구하기 시작했어요. 그 결과 생체인식기술이 등장했답니다. 생체인식기술이란 한 사람의 신체 또는 행동에서 나타나는 특성으로 다른 사람과 구별하는 기술을 말해요. 범죄자를 가려내는 데도 유용하게 사용되지요. 지문이나 홍채, 걸음걸이 등 개인의 신체나 행동 특징이 모두 열쇠로 사용되어요.

 그중 지문은 꽤 오래전부터 사용되었어요. 엄마 배 속에 있을 때부터 생겨나는 지문은 얼굴이 똑같이 생긴 쌍둥이조차도 서로 다를 정도로 고유한 정보예요. 컴퓨터가 발달하면서 지문 인식 기술도 급속도로 발전했어요. 손가락을 갖다 대기만 하면 되는 편리함 때문에 스마트폰과 은행 업무, 출입문 관리 등 일상생활에서 가장 먼저 사용되기 시작했답니다.

 최근에는 홍채 인식 기술도 많이 사용되고 있어요. 홍채를 이루는 촘촘한 근육 구조를 인식해서 사람들을 구별하지요. 센서에 직접 신체 부위를 갖다 대지 않아도 되는 점은 지문보다 편리해요.

 그 외에도 목소리, 손가락 모양, 귀 모양, 얼굴, 걸음걸이, 글씨체, 심지어 손바닥이나 손등에 보이지 않는 혈관 구조를 구별해 인식하는 기술도 개발되었답니다.

025
곤충을 본떠 만든 초소형 로봇이 있다고요?

곤충들은 울퉁불퉁한 땅을 빨리 지나갈 수 있고, 자유롭게 비행할 수도 있어요. 점프 능력도 무척 뛰어나지요. 과학자들은 이런 곤충의 능력을 본떠 로봇을 만든다면 사람들에게 큰 도움이 될 거라 생각했어요. 그렇게 탄생한 곤충 로봇들의 이야기를 한 번 들어 볼까요?

로보비 X-윙 윙윙. 난 벌처럼 작은 로봇이야. 무게는 겨우 259g이고, 길이는 5cm밖에 되지 않아. 4개의 날개를 퍼덕이며 안정적으로 움직일 수 있지. 앞으로 생물이나 환경 연구 등 다양한 곳에 활용될 거야.

델플라이 마이크로 나는 잠자리를 닮은 로봇이야. 무게는 23g이고, 날개 길이가 10㎝로 카메라와 소형 컴퓨터를 싣고 있어. 1초에 날개를 30회까지 움직여 최고 시속 18㎞로 날 수 있지. 날 이용하면 사람 대신 위험한 장소에 들어가서 상황을 먼저 살펴볼 수 있을 거야.

애벌레 로봇 꾸물꾸물. 난 길이가 17mm밖에 되지 않지만 나보다 100배는 무거운 물체를 실을 수 있고, 내 다리 길이보다 10배 높은 장애물도 쉽게 넘을 수 있어. 이런 내가 더 작아진다면 의료용으로 사용할 수 있게 될 거야. 그러면 몸속 어디든 원하는 곳까지 약을 전달할 수 있을 거야.

군집 로봇 난 개미나 벌떼처럼 무리 지어 다니면서 서로 협력하지. 앞으로 항공기나 기차 같은 좁은 공간에서 내부 수리를 하거나 화성 같은 낯선 우주 탐사 등은 우리에게 맡기면 돼.

피부처럼 말랑말랑하고 부드러운 로봇이 있다고요?

'로봇'이라고 하면 대부분 차가운 금속으로 만들어진 단단한 몸을 떠올릴 거예요. 하지만 이런 고정관념을 깨뜨리는 말랑말랑하고 부드러운 로봇이 있답니다. 바로 옥토봇이에요.

옥토봇은 미국 하버드대학교 제니퍼 루이스 교수팀이 개발한 로봇으로, 문어(Octopus)와 로봇(robot)을 합친 말이에요. 5cm의 작은 몸집으로 마치 문어처럼 몸을 자유롭게 움직일 수 있어 구불구불한 길도 쉽게 빠져나갈 수 있답니다. 이처럼 부드러운 재료로 만들어진 로봇을 '소프트 로봇'이라고 불러요. 몸이 부드럽기 때문에 단단한 금속으로 만든 로봇보다 더 많은 곳에서 이용할 수 있다는 장점이 있지요.

옥토봇 이전에도 소프트 로봇이 있었어요. 하지만 이들의 배터리나 뼈대는 금속으로 만들었기 때문에 몸의 형태를 바꾸는 데

한계가 있었지요. 옥토봇은 온몸이 실리콘 고무로 이루어져 있고, 과산화수소라는 액체를 연료로 사용해서 움직인답니다. 과산화수소가 옥토봇 안을 돌아다니면서 분해되면 산소 기체가 나오는데, 이 산소가 관절을 부풀리면서 다리를 움직이게 하지요. 옥토봇 이후 애벌레, 뱀, 지렁이, 물고기 등을 본뜬 수많은 소프트 로봇이 개발되었어요.

 하지만 이러한 소프트 로봇도 해결해야 할 문제들이 있어요. 유연한 재료로 만들어 안전하지만, 그만큼 내구성(주변 환경에 오래 견디는 성질)이 약하고 표면이 쉽게 닳으며 큰 힘을 내기 어려워요. 부드럽다 보니 몸이 감기거나 돌아갔을 때는 원래 모습대로 정확히 되돌리기가 힘들어요. 이런 문제점들이 해결되어 튼튼하면서 부드러운 로봇이 개발된다면 로봇의 이미지는 완전히 바뀔지도 몰라요.

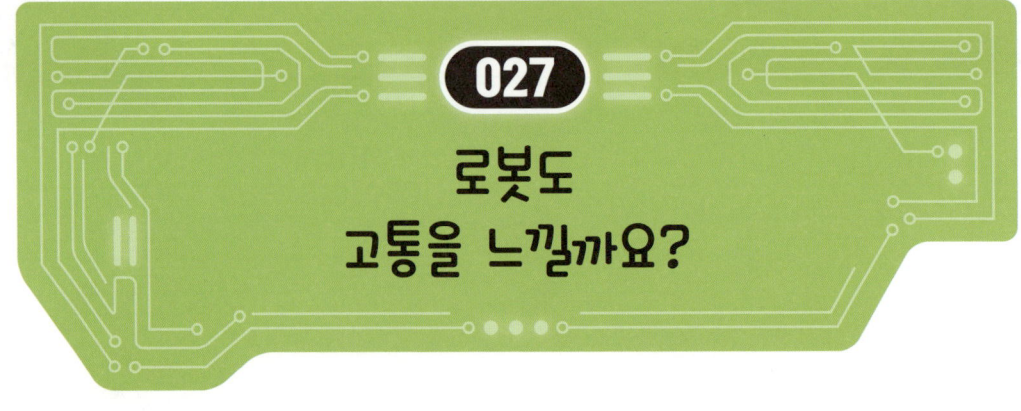

027
로봇도 고통을 느낄까요?

부드럽다, 무겁다, 간지럽다, 따갑다, 차갑다 등

우리 피부는 이처럼 다양한 감각을 느끼지요. 피부에 닿아서 느끼는 이런 감각을 '촉각'이라고 해요. 촉각은 우리 생활을 더욱더 풍요롭게 만들어 줄 뿐만 아니라 위험한 상황에서 빨리 벗어날 수 있게 도와주지요. 뾰족한 물건에 찔리거나 끓는 물에 데었을 때, 피부가 이것을 느끼지 못한다면 큰 부상으로 이어질 수 있으니까요. 만약 로봇이 우리와 같은 피부를 가진다면 어떨까요? 좀 더 사람다워지지 않을까요?

과학자들은 사람의 피부처럼 촉각을 느끼는 인공피부를 만들기 위해 노력해 왔어요. 그 결과 사람보다도 훨씬 더 빠르고 민감하게 반응하는 촉각 센서를 만들어내는 데 성공했어요. 이 촉각 센서가 무언가 닿는 느낌을

감지하고 신호를 전달하면 근육이 움직이며 반응하게 되지요. 이 센서를 활용해 로봇에게 인공피부를 씌우면 로봇이 물건을 잡거나 다룰 때 훨씬 더 섬세하게 힘을 조절할 수 있게 될 거예요.

  이러한 인공피부는 여러 분야에서 유용하게 사용될 수 있어요. 예를 들어 우리 피부에 붙이는 것만으로도 체온이나 호흡, 심장박동 등 여러 중요한 생체 정보를 측정할 수 있어요. 이런 기술은 특정 질병에 걸려 수시로 건강 상태를 확인해야 하는 환자들에게 크게 도움이 될 거예요. 수술 로봇에 인공피부를 사용하면 어떨까요? 수술 부위의 촉감을 의사에게 정확하게 전달해 훨씬 더 정교한 수술이 가능해질 거예요. 단순히 뇌의 명령에 따라 움직였던 로봇 팔이 이제 감각까지 전달할 수 있게 되는 거예요.

  로봇과 악수할 때 온기가 전해지는 날이 올까요? 정말로 사람처럼 부드럽고 따뜻한 피부를 가진 로봇이 등장할 날이 얼마 남지 않았을지도 몰라요.

배터리가 지금보다 더 작고 가볍고 용량이 커질 수 있을까요?

휴대전화, 노트북, 태블릿 등 현재 우리가 사용하는 대부분의 휴대용기기에는 리튬이온 배터리가 들어가 있어요. 다른 배터리보다 훨씬 많은 에너지를 저장할 수 있다는 장점 덕분에 널리 사용되고 있지요.

최근 배터리 연구가 활발하게 진행되는 분야는 전기 자동차예요. 손님을 태우고 달리는 전기 버스나 주차장에서 충전하고 있는 전기 승용차를 본 적 있지요? 전기 자동차도 리튬이온배터리를 쓰고 있어요. 탄소 배출을 줄인 친환경 자동차로 사랑받고 있지만 기름을 넣는 자동차보다 주행거리가 짧고 강한 충격이나 고온에 약하다는 단점이 있어요. 최악의 경우 폭발 사고로 이어질 수도 있지요. 전기 자동차는 휴대전화보다 1,000배 이상 용량이 큰 배터리를

사용하기 때문에 배터리가 폭발할 경우 그 피해는 아주 클 거예요. 이 때문에 과학자들은 좀 더 안전하고 큰 용량의 배터리를 만들기 위해 온 힘을 기울이고 있어요.

과학자들은 리튬이온배터리의 단점을 넘어설 차세대 배터리로 전고체 배터리를 주목하고 있어요. 우리가 사용하는 배터리 안에 들어 있는 전기를 흐르게 하는 물질인 전해질은 액체 상태예요. 하지만 전고체 배터리는 고체로 되어 있어서 100℃ 이상의 고온에서도 부풀어 오르지 않고 빠르게 충전된다는 장점이 있어요. 또한 큰 사고가 나도 폭발하지 않아 비교적 안전하고 한 번 충전으로 갈 수 있는 주행거리도 늘어나죠. 용량이 크고 부피나 무게, 형태를 바꿀 수도 있어 그 가능성이 무궁무진해요.

아직은 기술적인 한계 때문에 전고체 배터리가 상용화되지는 않고 있지만 이를 극복하면 지금 사용하고 있는 휴대기기의 모습은 많이 달라질 거예요. 더 나아가 새로운 제품을 살 때까지 수년 동안 충전할 필요가 없어질지도 모른답니다.

생각만으로도 로봇 팔이 움직인다고요?

　식탁 위에 놓인 맛있는 과자를 먹고 싶다면 손으로 집어 먹으면 되지요. 모기에 물린 데가 간지러우면 손으로 긁으면 되고요. 친구에게 연락하고 싶다면 휴대전화를 들고 연락처를 찾아 통화 버튼을 눌러요.

　일상생활의 모든 활동은 손과 팔이 없다면 불가능하거나 아주 불편할 거예요. 팔은 어떻게 우리 생각대로 척척 움직이는 걸까요? 사람이 어떤 생각을 하면 뇌 속을 흐르던 전기신호(뇌파)가 바뀌고, 팔은 이런 뇌파를 받아들여 움직이지요. 이 뇌파를 잡아내 기계로 보낼 수 있다면 기계도 움직일 수 있을까요?

　　　　　　　　　　　　　뇌파를 통해 로봇 팔이나 컴퓨터 같은 바깥에 있는 기계를 움직이게 하는 기술을 뇌-기계 인터페이스(BMI, Brain-Machine Interface)라고 해요. 이 기술은 이미 실험을 통해 증명되었어요. 2017년 미국 시카고대학교 연구팀이 사고로 팔을 잃은 붉은털원숭이 3마리를 상대로 실험에 들어갔어요. 팔과 손을 움직이는 데 관련 있는 뇌 부위에 전극(전기가 드나드는 곳)을 심은 뒤, 원숭이 어깨에 로봇 팔을 연결하고 전기 신호가 통하도록 만들었지요. 여러 번의 연습 끝에 원숭이들은 로봇 팔을 움직여 공을 잡았어요! 공을 잡으려는 생각을 로봇 팔에 전달하는 데 성공한 거예요.

　이러한 실험 결과는 몸을 자유롭게 움직이지 못하는 환자들에게 큰 희망을 주어요. 머리에 전자 칩을 이식하고 팔을 움직인다고 생각하면, 그때 일어나는 뇌파를 칩이 감지해서 컴퓨터로 보내요. 그러면 컴퓨터는 이 신호를 팔에 감긴 밴드로 전달해서 팔을 움직이게 만들지요.

　아마 미래에는 로봇 팔뿐만이 아니라 생각만으로 장난감을 움직이게 만들고 집의 가전제품을 작동시키거나 자동차를 운전할 수 있게 될 거예요.

030
우리 몸의 세포를 수리하는 로봇이 있다고요?

주사기 안에서 로봇 군대가 발을 맞추고 있어요. 오늘 출동할 곳은 다름 아닌 꽉 막힌 혈관이에요. 주삿바늘이 살을 찌르자 로봇들이 재빠르게 혈관 속으로 몰려 들어가요. 얼마 지나지 않아 혈액이 흘러가는 속도가 갑자기 느려졌어요. 그러자 로봇의 속도도 함께 느려졌지요. 혈관이 좁아진 탓이에요. 로봇들이 서둘러 혈관에 들러붙은 찌꺼기를 청소하기 시작했어요. 청소를 깨끗이 마친 혈관 속으로 혈액이 다시 시원하게 쑥쑥 흘러요. 임무를 완수한 로봇들은 소변을 따라 밖으로 나와요.

가라! 나노봇!

혈관을 타고 다니는 로봇이라니…. SF에서나 나올 법한 말도 안 되는 이야기라고요? 아니요. 조만간 정말로 우리 몸속을 돌아다니는 로봇이 등장할지도 몰라요. 나노봇(nanobot)은 나노 크기의 로봇이라고 해서 붙여진 이름이에요. 현재 의학 분야에서 가장 큰 관심을 받고 있지요. 나노봇은 우리 몸속에 들어가 바이러스를 찾아 공격하거나 병든 세포를 찾아내 고칠 수 있어요. 암세포를 발견하면 약물을 쏘아 파괴할 수도 있지요. 수백 대의 나노봇을 한꺼번에 이용하면 복잡하고 어려운 수술도 간단하게 진행할 수 있을 거예요. 언제 어디서든 내 몸속에 의사 선생님이 있는 셈이지요.

하지만 나노봇에 대해 걱정하는 사람들도 있어요. 나노봇은 너무나 작기 때문에 피부도 통과하고 세포 속으로도 들어갈 수 있어요. 만약 고장이 나서 건강한 세포를 공격하는 등 예상하지 못한 문제를 일으킬 수도 있고요. 너무 작고 그 수도 많기 때문에 하나하나 섬세하게 움직임을 조절하기도 쉽지 않을 거예요.

나노봇이 실제로 사용되려면 우리 몸속에서 어떻게 움직이고 인체에 어떤 영향을 미치는지에 대한 연구가 함께 진행되어야 해요. 우리가 나노봇을 완벽하게 통제할 수 있다면 인류에게 정말 큰 도움이 될 거예요.

031
바이러스 유행을 미리 막을 수 있을까요?

100년 전만 해도 인간의 평균 수명은 50세에 불과했어요. 하지만 지금은 80세를 웃돌고 있지요. 이렇게 수명이 늘어나게 된 이유에는 각종 전염병을 막아낸 백신의 역할이 커요. 백신이란 질병을 일으키는 바이러스나 세균을 아주 약하게 만들어 우리 몸에 주입하는 거예요. 우리 몸은 한 번이라도 들어와 병을 일으킨 바이러스를 기억하고 그 병균을 잡는 데 필요한 힘(면역력)을 길러 놓아요. 그래서 질병을 예방할 수 있게 하지요.

천연두나 소아마비 등 대부분의 바이러스는 구성 성분이 바뀌지 않기 때문에 해당 백신을 한 번 맞으면 평생 질병에 걸리는 것을 예방할 수 있어요. 하지만 독감 바이러스나 신종 바이러스 같은 경우는 표면의 모습이 수시로 바뀌기 때문에 매번 백신을 맞아야 해요. 하지만 그래도 완벽하게 바이러스를 막지는 못해요. 말 그대로 치료가 아닌 예방일 뿐이니까요. 독감의 경우

세계보건기구(WHO)가 여러 데이터를 분석해 다음 해에 유행할 바이러스를 예측해요. 그러면 전 세계의 제약사들이 이를 토대로 백신을 개발하지요. 하지만 다음 해에 유행한 바이러스가 이 예측과 다를 경우에는 백신의 예방 효과가 떨어지고 말아요.

새로운 바이러스가 유행할 때마다 맞는 불편함을 없앨 수는 없을까요? 한 번 맞으면 모든 바이러스를 이겨 낼 수 있는 만능 백신은 없을까요? 안타깝게도 아직은 그런 만능 백신을 개발하지 못했어요. 하지만 이를 가능하게 하기 위해 꾸준히 연구가 진행되고 있어요.

최근 바이러스 종류와 관계없이 예방이 가능한 백신이 사람을 대상으로 임상시험에 들어갔어요. 형태를 바꾸는 바이러스 표면이 아닌 중심부를 직접 공격하는 방법이지요. 이 백신이 상용화된다면 어떤 새로운 바이러스가 나타난다고 해도 재빠르게 막아 낼 수 있을 거예요.

032 주사가 아니라 먹는 백신이 있다고요?

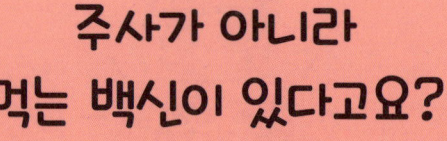

"자, 조금 따끔해요."
"으앙."

소아청소년과에 들어서면 진료실에서 터져 나오는 울음소리를 쉽게 들을 수 있어요. 따끔한 주삿바늘 때문이에요. 아이부터 어른까지 주사 맞는 걸 좋아하는 사람은 아무도 없을 거예요. 백신 접종의 가장 흔한 방법은 주사예요. 꼭 필요한 접종이지만 이렇게 아픈 방법밖에 없는 걸까요? 비타민이나 영양제처럼 먹는 걸로 해결되면 참 좋을 텐데 말이에요.

사실 백신을 접종하는 방법은 주사 외에도 뿌리는 방식과 먹는 방식이 있어요. 뿌리는 방식은 접종 직전에 백신을 깨끗한 물에 섞어서 뿌리는 거예요. 백신의 양을 조절하는 것이 까다롭지만 가격이 싸서 동물들에 많이 사용되고 있고, 사람에게는 코나 목구멍과 같은 몇몇 부위에만 제한해서 사용하고 있어요. 먹는 백신은 소화 과정을 거치면서 분해되거나 잘 흡수되지 않아 효

과가 떨어진다는 단점이 있어요. 그래서 정확한 양을 직접 몸속에 투여할 수 있는 주사기를 주로 사용하는 거예요. 하지만 누가 봐도 먹는 백신은 접종이 편하다는 아주 큰 장점이 있어요. 그래서 과학자들은 효과가 좋은 먹는 백신을 개발하고 있지요.

실제로 1회 접종 비용이 1달러밖에 되지 않는 먹는 콜레라 백신이 아프리카 기니 주민들을 대상으로 접종되었고, 그 지역의 콜레라 전염률은 눈에 띄게 감소했지요.

주사는 보관도 까다롭고 가격이 비싼 경우가 많은 데다가 의사나 간호사 같은 전문가가 없다면 접종이 힘들어요. 그래서 주사 백신을 구하기 힘든 가난한 나라에서는 먹는 백신이 큰 도움이 되지요. 앞으로 먹는 백신이 많이 개발되어 열악한 환경에 있는 사람들에게 도움을 주었으면 좋겠어요.

033 먼 곳에 있는 의사가 수술을 할 수 있을까요?

시작하겠습니다.

"수술을 시작하겠습니다."
환자가 수술대 위에 누워 있어요. 의사는 환자 옆이 아닌 수술대 옆에 있는 조종 장치에 팔을 넣어요. 그러자 화면에 환자의 몸속이 입체영상으로 확대되어 나타나요. 의사는 수술 부위를 보며 손가락을 움직이고, 로봇 팔에 붙어 있는 수술용 도구가 환자의 몸속에서 정확히 따라 움직이지요.

로봇 수술은 의사가 수술 도구를 움직이는 로봇을 사용해서 하는 수술을 말해요. 2000년 수술 로봇 다빈치가 세계 최초로 FDA(미국 식품의약국) 승인을 받은 이후로, 여러 병원에서 사용하기 시작했어요. 그 사용 건수가 점점 늘어나서 우리나라도 현재 57개의 병원에서 다빈치를 이용하고 있어요.

이 로봇을 이용하면 몸에 크게 상처를 내지 않고도 정확하게

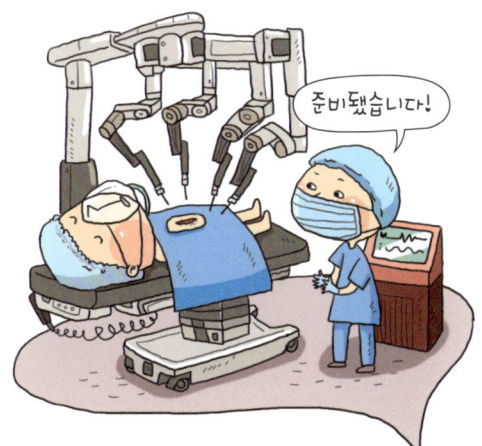

"준비됐습니다!"

수술을 할 수 있어요. 수술 부위를 최대 15배나 확대해서 볼 수 있어 사람 손으로 일어날 수 있는 실수를 줄이고, 의사가 좀 더 정교하게 수술을 할 수 있지요. 이 때문에 절개하는 부위가 작아 통증이나 상처도 덜 해요.

이런 수술 로봇에 이동통신 기술을 적용하면 아주 먼 곳에 떨어진 환자를 수술할 수도 있어요. 실제로 2019년 중국에서는 링지페이 의사가 3,000km나 떨어진 베이징 병원에 있는 환자의 뇌수술에 성공했어요. 서울과 부산 사이 거리가 약 325km인데, 이보다 약 9배나 멀리 떨어진 환자의 수술을 진행한 거예요.

하지만 이런 수술 로봇 기계는 대부분 수입해 오기 때문에 가격과 유지비가 만만치 않아 수술비용도 아주 비싸지요. 그래서 누구나 선뜻 이용하기는 쉽지 않아요. 우리나라에서도 자체적으로 수술 로봇을 만들려는 시도가 이어지고 있지만, 기존의 수술 로봇의 자리를 대체하기가 쉽지 않다고 해요. 하루라도 빨리 국내 기술로 만든 수술 로봇이 보편화되어 많은 사람이 혜택을 누렸으면 좋겠어요.

034
병원 대신 화장실에서 건강 상태를 알 수 있다고요?

우리나라에서는 1~2년에 한 번씩 건강검진을 받아야 해요. 하지만 병원에 오고 가는 일이 번거로울 때도 있고, 대기 시간이 길어질 때도 많아요. 미래에는 병원에 가지 않고도 간단하게 집에서 건강을 확인할 수 있게 될지도 몰라요. 바로 화장실에서 말이에요.

스마트 거울 아침에 일어나 화장실 거울 앞에 서 있기만 해도 기본적인 건강 상태를 눈으로 볼 수 있어요. 화장실 바닥과 벽에 설치된 센서가 키와 몸무게, 근육량, 체지방량을 측정하고 그 정보가 거울에 나타나기 때문이에요. 이 수치를 가지고 나에게 맞는 운동도 추천 받을 수 있어요.

스마트 변기 오줌이나 똥 같은 사람의 배설물은 건강 상태를 알려 주는 가장 대표적인

지표지만 그냥 본다고 어떤 질병에 걸렸는지 구체적으로 알 수는 없어요. 이제 앞으로는 변기가 알아서 건강을 체크할 거예요. 변기에 설치한 카메라가 오줌과 똥의 색, 형태를 확인하고, 검사 막대기에 묻은 성분을 분석해 장 건강을 확인하지요. 변기에 앉은 시간이나 횟수를 측정해 배변 습관도 관리해 줄 거예요.

스마트 세면대 손 씻기를 잘하면 많은 감염병을 예방할 수 있어요. 하지만 얼마나 꼼꼼히 씻었는지 눈으로 확인하기는 힘들어요. 이제 특수 조명이 달린 수도꼭지에 손을 갖다 대기만 해도 세균이 묻은 정도에 따라 다른 색의 불빛이 나타날 거예요. 손을 씻고 나서 충분히 헹구지 않으면 '삐-' 하고 경고음이 울릴지도 몰라요. 양치질을 하고 나서 거품을 뱉으면 세면대 아래에 깔린 검사기가 침을 분석해서 입안에 생긴 염증이나 충치, 감기 등을 수시로 확인할 수 있어요.

035
돼지의 심장이 사람의 심장을 대신할 수 있을까요?

우리 몸속에는 심장, 폐, 창자 같은 장기들이 자리 잡고 있어요. 이러한 장기들은 온몸에 피를 돌게 하거나, 숨을 쉬게 하거나, 음식물을 소화시키는 등 생명을 유지하는 데 아주 중요한 역할을 담당해요. 이 중 하나라도 제대로 움직이지 않으면 생명이 위태로워질 수 있어요.

이런 장기가 손상된 경우 건강한 장기를 이식 받아 목숨을 구할 수 있지만 장기 기증자를 찾기는 쉽지 않아요. 특히 간이나 신장을 제외한 장기는 뇌사상태에 빠지거나 죽은 후에야 기증 받을 수 있기 때문이에요. 그래서 이식을 기다리는 사람보다 줄 사람이 늘 부족해요. 우리나라의 경우 10명 중 겨우 1명이 장기 기증을 받을 정도라고 해요.

이 때문에 과학자들은 동물의 장기를 사람에게

다~ 줄 거야.

옮기는 이종 이식 수술을 시도해 왔어요. 그중 미니돼지는 다른 동물보다 사람과 유전적으로 비슷하고, 체중이나 장기의 크기, 형태 역시 사람과 비슷해요. 하지만 그렇더라도 이식 받은 후에 새 장기가 거부 반응을 일으킬 확률은 높아요. 우리 몸은 외부에서 다른 물질이 들어오면 이를 침입자로 여기고 공격하는 반응을 일으켜요. 이 반응을 면역거부반응이라고 하는데 장기 이식의 최대 걸림돌이에요.

과학자들은 미니돼지의 유전자를 조작해 사람의 몸속에서 면역거부반응을 일으키지 않는 미니돼지를 만들어 냈어요. 그리고 이 미니돼지의 신장을 원숭이에게 이식해 한 달 넘게 생존시키는 데 성공했지요. 가까운 미래에는 사람에게도 가능하게 될지도 몰라요.

하지만 이런 이종 이식을 둘러싼 비판도 있어요. 장기를 빼내기 위한 목적으로 돼지를 키우는 일과 원숭이를 대상으로 한 실험이 계속되는 것이 옳은 일일까? 또 만약 돼지가 가진 질병이 이식 받은 사람에게 전염되면 어떻게 대처할 것인지, 더 나아가 사람이 여러 개의 돼지 장기를 가지게 될 경우 정체성이 혼란스러워지는 등 해결해야 할 문제들이 많기 때문이에요.

아낌없이 주는 돼지, 정말 고마워.

036
3D 프린팅으로 사람의 장기를 만든다고요?

프린터를 이용해 평면인 종이 위에 축구공을 인쇄하면 축구공은 납작해요. 하지만 3D 프린터를 사용하면 실제 축구공과 똑같이 둥글게 출력할 수 있어요. 3D는 얇은 막을 층층이 쌓아 올려서 입체적인 물건을 만드는 기계예요. 이 3D 프린터로 축구공을 만들면, 바깥 부분을 빙빙 돌면서 쌓아 올려 속이 비어 있을 거예요.

3D 프린터로 인쇄할 수 있는 물건은 생각보다 훨씬 많아요. 잉크의 재료에 따라 신발, 컵, 가방 같은 생활용품뿐만 아니라 자동차나 비행기 부품, 심지어 건축물까지 가능하지요. 3D 프린터는 딱딱한 물건만 찍어내는 건 아니에요.

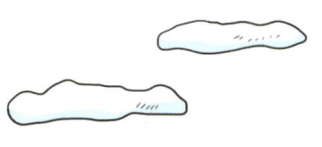

음식 재료를 액체나 가루로 만들어 잉크로 사용하면 원하는 음식도 프린트할 수도 있어요.

최근 떠오르는 3D 프린터 분야는 바로 바이오프린팅이에요. 바이오프린팅은 3D 프린터로 조직이나 장기를 만들어 인간에게 이식하는 기술이에요. 어떻게 사람의 신체 부위를 3D 프린터로 만들 수 있냐고요? 먼저 지방이나 연골 같은 물질로 만든 바이오 잉크로 세포를 키울 수 있는 틀을 만들어요. 이렇게 만들어진 틀에 줄기세포를 넣으면 여러 장기를 만들 수 있지요.

여기서 더 나아가 지금은 혈관 세포나 근육세포를 출력해 인공장기를 만드는 연구도 이루어지고 있지요. 만약 환자 자신의 세포를 이용해 조직이나 장기를 만든다면 어떨까요? 가장 심각한 부작용 중 하나인 면역거부반응 없이 이식하는 것도 가능해질 거예요.

실제로 바이오프린팅 기술을 사용해 세계 각국의 연구팀들은 인공 심장이나 인공 혈관, 인공피부 등을 만들어 냈어요. 만약 이런 장기들이 실제 장기처럼 작동하고 사람의 몸에 문제없이 이식할 수 있다면, 수많은 생명을 살릴 수 있을 거예요.

037
올림픽에 숨은 첨단 과학기술을 찾아볼까요?

4년마다 열리는 올림픽은 지구촌 최대의 스포츠 축제예요. 각 나라를 대표하는 선수들이 모여 메달을 따기 위해 실력을 겨루지요. 세계신기록이 나오는 날에는 전 세계 모든 사람이 흥분하고 관심이 집중되어요. 그런데 이런 세계신기록은 선수들의 노력에 첨단 과학기술 장비가 더해져 탄생하는 경우가 많다는 사실, 알고 있나요?

1960년 로마 올림픽 마라톤에서 에티오피아 선수 아베베 비킬라는 신발을 신지 않고 세계신기록을 세웠어요. 그로부터 60년이 지나 2019년 오스트리아 빈에서 개최된 마라톤 대회에서 세계신기록을 세운 케냐 선수 엘리우드 킵초게의 발에는 잘 달릴 수 있도록 특수하게 제작된 운동화가 신겨져 있었지요. 운동화 발뒤꿈치 부분에 탄소

섬유로 만든 판 3장이 들어가 있었어요. 이 판이 스프링 역할을 해 기록을 앞당기는 데 도움을 준 거예요.

하지만 사람들은 첨단 과학기술의 도움을 받아 세운 신기록이 과연 인간의 기록인지에 대해 회의적이기도 해요. 레이저 레이서는 영국의 스포츠용품 회사인 스피도가 미국항공우주국(NASA)과 함께 개발한 첨단 수영복이에요. 특수한 원단을 사용해 물살을 빠르게 가르며 헤엄칠 수 있도록 만들었어요. 그런데 많은 수영선수가 이 수영복을 입고 줄줄이 세계신기록을 세우자, 선수의 장비 때문에 기록이 향상된 것이 아니냐는 비판이 나오기 시작했어요. 결국 세계대회에서 선수들이 레이저 레이서를 착용하는 것이 금지되었지요.

앞으로 미래에는 더욱 다양한 종류의 첨단기술들이 개발되어 선수들의 운동화, 유니폼, 장비 등에 이용될 거예요. 그리고 또 논란을 일으킬 수도 있겠지요. 하지만 단순히 세계신기록을 세우기 위한 목적이 아닌, 선수들이 좀 더 효과적으로 훈련하고 안전하게 경기를 치르는 목적으로 사용된다면 어떨까요? 스포츠에 사용되는 첨단 과학은 더 큰 의미를 가지게 될 거예요.

우승은 나의 것!

부모가 원하는 모습의 아기를 낳을 수 있을까요?

2018년 중국 남방과학기술대학교 허젠쿠이 교수는 세계 최초로 유전자 편집 맞춤형 아기를 탄생시켰다고 주장해 전 세계를 충격에 빠뜨렸어요.

맞춤형 아기는 큰 키, 높은 지능 등 부모가 원하는 유전자만을 골라 내 유전자를 편집하는 기술이에요. 당연히 윤리적으로 큰 문제를 일으킬 수 있는 연구이기에, 연구에서 끝나지 않고 출생까지 이어지는 것은 금지되었지요.

허젠쿠이 교수가 만든 맞춤형 아기는 에이즈를 일으키는 바이러스에 감염되지 않도록 유전자를 편집한 쌍둥이였어요. 그의 연구 발표가 나자마자 전 세계 많은 과학자가 그를 비판했답니다. 인간을 대상으로 위험한 실험을 했다는 이유지요. 하지만 허젠쿠이 교수

우리 아기 예쁘게 자라라.

우리가 잘 골랐으니까 문제 없어.

는 지능이나 머리카락, 눈 색깔을 바꾸는 데 유전자 편집 기술을 쓰는 것은 금지해야 하지만 유전 질환의 고통을 받을지 모를 아이와 부모를 위해서는 허용해야 한다고 주장했어요.

과학자들은 허젠쿠이 교수가 아니더라도 누군가 유전자 편집 아기를 태어나게 했을 가능성은 있다고 생각해요. 그리고 앞으로 더 나타날 수 있는 위험한 연구들을 규제하기 위한 법과 시스템이 만들어져야 한다고 주장하지요. 무엇보다 유전자 편집 기술로 태어난 아기는 자라나면서 어떤 문제가 생길지 아무도 모른다는 것이에요. 그래서 이미 태어난 아이들의 건강을 지속해서 관찰하며 지켜보아야 한다고 말해요.

허젠쿠이 교수는 연구 발표 1년 만에 징역 3년을 선고받았어요. 현재 사람을 대상으로 한 유전자 편집 기술은 희귀병이나 난치병을 치료하기 위한 기초연구에만 허용하고 있어요. 유전자 편집 기술이 완전해진다면 인간에게 어디까지 허용해야 하는 걸까요?

039
유전자 검사로 숨은 질병을 미리 찾는다고요?

 2013년 미국의 영화배우 안젤리나 졸리는 가슴 일부를 잘라 내는 유방암 수술을 받았어요. 겉으로 드러나는 이상이 전혀 없었고 오히려 건강한 상태였는데 말이에요. 졸리의 어머니와 이모는 유방암으로 세상을 떠났어요. 그녀는 유전자 검사를 받은 후, 자신이 유방암에 걸릴 확률이 87%라는 것을 알게 되었지요. 그래서 유방암에 걸리기 전에 미리 가슴을 잘라 낸 거예요.
 이처럼 우리는 유전자 검사를 통해 어떤 질병에 걸릴 확률을 미리 알 수 있어요. 그렇다면 일반인도 유전자 검사를 쉽게 받을 수 있을까요?
 우리나라는 그동안 의사의 허락이 있어야만 유전자 분석이 가능했어요. 그러다가 생명윤리법이 개정되면서 병원이 아니더라도 유전자 검사 기관에서 검사를 받을 수 있게 되었어요. 유전자 검사 방법도 무척 간단해요. 침이나 피부를 긁어 유전자 검사 기관에 보내면 2주 만에 결과를 받아볼 수 있어요. 태아의

경우에는 엄마의 혈액 검사를 통해 유전자를 분석할 수 있어요. 이러한 검사를 통해 효과적으로 건강을 관리하고 질병을 예방할 수 있지요.

하지만 유전자 검사를 좋지 않게 바라보는 사람들도 있어요. 유전자 검사는 병을 진단하는 게 아니라 예측하는 검사예요. 그래서 검사결과와 해석이 정확하다 하더라도 실제로 해당 질병에 걸릴지는 확실하게 알 수 없어서 미리 불안감만 줄 수 있기 때문이에요.

그래서 유전자 검사보다는 먹는 습관이나 생활환경 등이 더 중요하다고 말하지요. 또한 유전자 정보는 아주 중요한 개인정보인데 연구용으로 이용되거나 외부로 유출될 수 있다는 위험도 있지요. 유전자 검사를 받는 것은 개인의 선택이지만 유전자 검사가 도리어 우리 삶을 불안하게 만들지 않도록 보안기술과 분석기술이 더 발전해야 할 거예요.

피 한 방울로 암을 진단할 수 있다고요?

우리 몸속을 흐르는 혈액은 하는 일이 아주 많아요. 몸 구석구석 산소와 영양분을 운반하기도 하고, 세균이나 바이러스가 침입했을 때 우리 몸을 보호하기도 하지요. 그래서 혈액을 분석하면 그 상태에 따라 여러 가지 질병을 진단할 수 있답니다.

그런데 무엇을 기준으로 분석하는 걸까요? 혈액 검사에서 가장 중요한 요소는 '바이오마커'예요. 우리 말로 '생체표지자'라고 하는 바이오마커는 몸속 물질을 이용해서 어떤 질병을 앓고 있고 그 정도가 어떤지 알아내는 지표예요. 예를 들어 당뇨병을 진단하는 혈액 속 포도당은 현재 가장 널리 활용하는 바이오마커 중 하나예요.

최근에는 바이오마커가 암을 진단하는 데 큰 역할을 할 것이라 기대하고 있어요. 사람이 누운 침대가 커다란 통 안으로 들어가는 장면을 본 적 있나요? 이 기계는 MRI(자기공명영상)예요. 몸속 근

육, 뼈, 혈관 등을 촬영해 병난 부분을 쉽게 찾아내지요. 암 검사를 하려면 먼저 큰 병원에 가서 MRI 등을 이용해서 일차적으로 진단한 후에, 암이 의심되면 다시 해당 장기의 세포 조직을 떼어 내서 검사 후에 그 결과에 따라 확진을 받아요. 이러한 검사는 비용이 많이 들고 환자들에게 고통을 주지요. 암세포가 너무 작으면 촬영이나 조직 검사에서 나타나지 않을 수도 있어요. 하지만 암세포에서 떨어져 나온 혈액 속 바이오마커를 이용하면 암을 조기에 발견해 빨리 치료를 할 수 있지요.

실제로 여러 종류의 암을 진단하는 바이오마커가 활발하게 연구 개발되고 있어요. 우리나라 연구진도 피 한 방울에서 30분 만에 폐암을 진단할 수 있는 새로운 방법을 개발하기도 했어요. 암은 우리나라 사망 원인 1위라고 해요. 그러니 혈액 속 바이오마커를 빠르게 진단하는 기술이 개발되어 암으로부터 많은 생명을 구하길 기대해 봐요!

인공혈액이 부족한 혈액을 대신할 수 있을까요?

A, B, AB, O

무엇을 뜻하는 알파벳일까요? 맞아요, 혈액형이에요! 20세기 이전에는 수혈(사람에게 혈액을 주입하는 일) 받은 사람이 심각한 병에 걸리거나 목숨을 잃는 일이 자주 일어났어요. 하지만 아무도 그 원인을 알지 못했어요.

1900년 오스트리아의 과학자 카를 란트슈타이너는 혈액에는 여러 유형이 있다는 것을 발견했어요. 그리고 다른 혈액형끼리 피를 주고받을 경우 피가 엉겨 붙어 생명이 위태로워지지만, 같은 혈액형을 가진 사람은 피를 안전하게 주고받을 수 있다는 사실을 발견했지요. 그의 발견 덕분에 매년 수백 명의 사람이 목숨을 구하게 되었어요.

하지만 헌혈은 건강한 사람들이 자발적으로 해야 해요. 그러다 보니 매년 얻을 수 있는 혈액의 양이 많지 않

을 수밖에 없어요. 이 때문에 세계 각국의 과학자들은 헌혈 외에 수혈에 필요한 혈액을 확보하는 방법을 연구하고 있어요.

중국의 둥우대학교 연구팀은 혈액형에 상관없이 수혈이 가능한 만능혈액을 만드는 기술을 개발했다고 발표했어요. 달걀 껍질이 안의 내용물을 지키는 것처럼 세포에 껍질을 입혀 다른 혈액형이라고 느낄 수 없도록 만드는 거예요.

캐나다의 브리티시컬럼비아대학 연구팀은 A형 혈액형을 모든 혈액형에 수혈이 가능한 O형으로 바꾸는 방법을 개발하기도 했어요. O형과 A형은 세계 인구의 절반 이상을 차지하고 있어 이 기술이 완전해지면 수혈을 할 수 있는 혈액형의 폭이 넓어질 거예요.

많은 과학자의 노력에도 불구하고 아직은 혈액을 대체할 수 있는 완성된 기술은 없어요. 하루라도 빨리 기술이 개발되어 많은 생명을 살릴 수 있기를 기대하고 있답니다.

042

아기가 몸 밖에서 태어날 수 있을까요?

아기는 40주 동안 엄마 배 속에서 자라며 태어날 준비를 하지요. 세상에 나와 살 수 있도록 여러 기관이 발달하는 시간이에요. 하지만 질병이나 사고 등 여러 이유로 그 시간을 다 채우지 못하고 일찍 태어나는 아기들이 있어요. 24주 이전의 태아는 폐가 제 기능을 하지 못해 숨 쉴 준비가 되어 있지 않아요. 그래서 살 수 있는 가능성이 작고, 무사히 태어난다 해도 폐에 이상이 생기는 경우가 많지요. 너무 일찍 태어난 아기에게 엄마 자궁과 같은 환경을 만들어 줄 수 없을까요?

양의 임신 기간은 보통 150일 정도예요. 미국 필라델피아 아동병원 연구팀은 100일 만에 어미 배에서 나온 새끼 양 8마리를 인공 자궁에서 4주 동안 키우는 데 성공했어요. 새끼 양은 따뜻한 물과 소금으로 이루어진 인공 양수 안에서 탯줄과 연결된 기계를

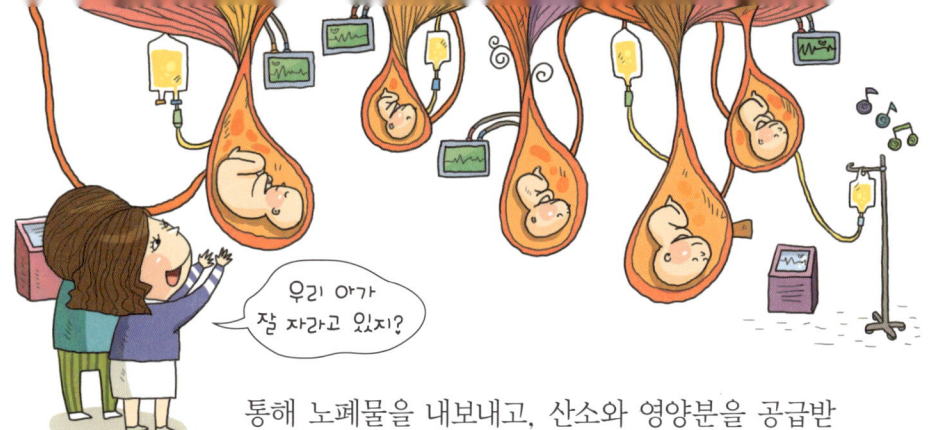

통해 노폐물을 내보내고, 산소와 영양분을 공급받았어요. 4주 동안 새끼 양은 아무 문제 없이 건강하게 자라났어요. 몸에 하얀 솜털도 돋아났지요.

만약 사람으로 따진다면 임신 23주 정도의 태아가 태어난 거예요. 이렇게 너무 빨리 태어난 아기는 생존율이 거의 1% 정도로 낮다고 해요. 연구팀은 이 장치를 계속 개선해 양이 아닌 미숙아를 대상으로 임상시험을 할 예정이라고 밝혔어요.

하지만 이처럼 생명을 키우는 일을 기계가 대신한다면 문제가 없을까요? 엄마와의 연결고리가 끊어진 태아에게 예상치 못한 발달 문제가 생기지는 않을까요? 더구나 임신 기간의 불편함과 출산의 고통을 피하려는 여성들이 나타날지도 몰라요. 여기서 우리가 반드시 기억해야 할 사실은, 인공 자궁 연구의 원래 목적은 조산아의 사망률을 낮추는 거예요. 과학기술의 발전을 생각 없이 받아들이는 것이 아니라 중요한 가치를 붙잡고 연구한다면 인공 자궁은 꼭 필요한 사람들에게 안전하게 사용될 수 있을 거예요.

043
사람의 장기를 닮은 미니 장기가 있다고요?

오가노이드는 '미니 장기'라고도 불러요. 실제 사람의 장기와 같은 구조, 세포 구성, 기능을 지닌 세포로 이루어진 작은 덩어리지요. 이런 오가노이드는 배아줄기세포로 만들어요. 배아줄기세포란 아기가 될 수 있는 배아에서 뽑아 낸 세포로 주변 환경에 따라 피부나 뇌, 눈, 장, 위 등 여러 다른 기관으로 자라나지요. 따라서 특정 장기가 되기 위해 주변에 꼭 있어야 하는 물질이 무엇인지 알면 실험실에서 원하는 장기를 만들 수 있어요.

최초의 오가노이드는 2009년 네덜란드의 한스 클레버스 박사가 만든 장 오가노이드예요. 이후 심장, 간 등 여러 다양한 기관의 오가노이드가 만들어졌고, 2019년에는 미국 캘리포니아 대학교 연구팀이 미니 뇌를 개발하는 데 성공했어요.

최근 오가노이드를 연구하는 과학

난 장이 될 거야.

자들은 '어떻게 하면 인간의 장기와 비슷하게 만들 수 있을까'를 고민하고 있어요. 아직은 진짜 장기 크기로 만들지는 못하고 있거든요. 오가노이드로 약물 실험을 할 경우, 성인의 장기처럼 성숙한 상태로 만들어야 효과나 부작용 등을 정확하게 알 수 있어요.

오가노이드를 성숙시키는 기술이 개발되어 대량 생산이 가능해진다면, 질병의 원인을 파악하고 치료제를 개발하는 데 크게 활용될 거예요. 특히 그렇게 되면 불필요한 임상시험과 동물실험이 줄어들 거라 기대하고 있어요. 실제로 2019년 영국에 있는 세계적인 생명과학 연구소인 생어연구소는 13년간 운영한 동물실험 시설을 점차적으로 폐쇄하겠다고 밝혔어요. 이유는 오가노이드 같은 신기술이 발달해 더는 동물실험이 필요하지 않다는 것이었어요.

044

사람이 늙는 것을 막을 수 있을까요?

아빠 엄마의 결혼사진을 본 적이 있나요? 지금과는 조금 다른 모습에 놀랐을지도 몰라요. 말끔한 정장과 화려한 웨딩드레스를 입은 모습이 어색한 탓도 있지만 가장 큰 이유는 나이가 들었기 때문일 거예요. 사진 속 젊었던 부모님이 이제는 흰머리가 나기 시작했거든요.

사람은 왜 늙는 걸까요? 그 대답은 세포 속에 숨어 있어요. 우리 몸은 약 60조 개의 세포로 이루어져 있는데, 각각의 세포마다 핵이 있어요. 그리고 핵 안에는 유전정보를 담은 염색체가 있는데 이 염색체 끝부분을 '텔로미어'라고 불러요. 세포가 언제 태어나고 죽는지를 결정하는 것은 바로 텔로미어예요.

　세포는 끊임없이 분열해서 그 수를 늘리는데, 그때마다 텔로미어의 길이는 줄어들어요. 텔로미어의 길이가 더 줄어들 수 없을 만큼 짧아지면 세포는 더는 분열하지 못하고 죽고 말지요. 나이가 들수록 세포가 분열할 수 있는 횟수도 줄어들어요. 이것이 바로 '노화'예요. 세계 각국의 과학자들은 이 텔로미어의 길이가 줄어들지 않게 하는 연구를 하고 있어요.

　그런데 특이하게도 바닷가재는 성장하면서 텔로미어가 짧아지지 않아요. 염색체 끝이 망가지지 않도록 보호하는 물질을 가지고 있기 때문이에요. 그렇다면 바닷가재는 평생 죽지 않는 걸까요? 이론적으로는 가능해요. 하지만 바닷가재와 같은 갑각류는 성장할 때마다 탈피를 해요. 몸에 맞게 더 큰 껍데기로 바꾸는 과정이지요. 이런 과정은 엄청난 에너지가 필요해 반복될수록 죽음에 이르게 된답니다. 그뿐만 아니라 사고를 당하거나 병에 걸리거나 또는 다른 동물에게 잡아먹히는 경우도 많아요.

　마찬가지로 텔로미어를 연장하는 기술을 완성한다면 늙는 것은 늦출 수 있을지 몰라도 죽는 것을 막을 수 없을 거예요.

지구에 존재하지 않는 생물을 만들 수 있을까요?

"만들어 낼 수 없다면 이해한 게 아니다."
물리학자 리처드 파인만

지구는 살아 숨 쉬는 생명체로 가득 차 있어요. 땅과 하늘은 물론이고 바다에도 다양한 동물들이 살고 있지만 그 누구도 생명의 신비를 완벽하게 이해하지는 못해요.

그래서 과학자들은 생명을 직접 만들어 보고 싶어 하지요. 지구에서 탄생한 생명체의 비밀과 작동 원리를 밝히고 싶기 때문이에요. 원래 있던 생명체를 변형하거나 또는 자연에 존재하지 않는 인공 생명체를 만들어 내는 학문을 '합성 생물학'이라고 해요. 새로운 생명체를 만들어 내다니, 실제로 가능한 일이냐고요? 코끼리처럼 커다란 동물은 만들어 내지 못했지만, 아주 작은 세균은 성공했어요.

2016년 미국의 생물학자 크레이그 벤터는 실험실에서 최초로

인공 생명체를 탄생시켰어요. 이렇게 탄생한 인공 생명체의 유전자 수는 473개로 자연계에서 가장 유전자 수가 적은 세균의 525개보다 적어요. 이 합성 세균 JCVI-syn3.0은 스스로 생존하고 증식할 수 있지요. 이후 2년이 지난 뒤 미국 샌디에이고대학교 연구팀은 플라스틱 껍질 속에 DNA를 갖춘 인공세포를 합성하는 데 성공했어요.

이제 유전 정보를 이용하여 생명체를 합성하고 만들어 내는 시대가 열리게 되었어요. 이런 인공 생명체는 식품이나 화장품 재료, 바이오센서 등 아주 넓은 분야에 사용할 수 있지요. 하지만 사람들은 인공적으로 만든 생명체가 인류에게 위협이 되지 않을까 우려해요. 특히 생물학 무기가 개발되거나 새로운 종이 탄생하는 등 윤리적 문제도 있어요. 생명공학이 놀랍게 발전하고 있지만, 그보다 앞서 과연 우리 인간에게 얼마나 필요하고 허용되어야 하는지를 먼저 고민해야 할 거예요.

046
유전자재조합식품이 무엇인가요?

흔히 GMO라고 불리는 유전자재조합식품은 특정한 목적에 맞게 유전자를 조절한 생물로 만든 식품이에요. 예를 들어 일반 벼 유전자에 해충에 잘 견디는 다른 생물의 유전자를 끼워 넣으면, 해충에 강한 벼를 만들 수 있어요. 주로 콩이나 옥수수, 감자 등 전 세계적으로 소비가 많은 농작물의 생산을 높이고 농약에 강한 품종을 개량하기 위해서예요.

최초의 GMO는 미국 농업기업 몬산토가 1985년 병충해에 강하고 생산성을 높이기 위해 유전자를 조작한 콩이에요. GMO는 가격이 싸고 쉽게 경작이 가능해 세계 식량 부족 문제를 해결하는 데 큰 역할을 하며 주목받기 시작했어요. 현재 GMO 기술이 사용된 콩, 옥수수, 목화, 카놀라 등은 세계 곳곳에 팔려 나가고 있어요. 특히 콩과 목화는 세계 재배 면적에서 GMO가 차지하는 비율이 80%가

넘지요. 우리나라는 해마다 1,000만 톤의 GMO 작물을 수입하는데, 이 중 20%가 식용이에요. 옥수수와 콩이 가장 많고, 이를 가공해 아이스크림, 과자, 빵, 라면, 음료수, 기름, 간장 등을 만드는 데 사용하고 있어요.

GMO는 식량 부족을 해결하는 것 외에도 많은 장점을 가지고 있어요. 해충과 잡초에 잘 견뎌 농약 사용량을 줄여 환경오염을 막을 수 있고, 멸종 위기에 처한 식물의 유전자를 조작해 살릴 수도 있어요.

하지만 GMO만큼 전 세계 나라에서 큰 논쟁을 불러일으키는 것도 없을 거예요. 여러 과학자가 GMO의 안정성을 실험으로 증명해 보이기도 했지만, 아직은 많은 사람들이 GMO를 불안해해요. 조작한 유전자 성분이 건강에 나쁜 영향을 미칠 거라고 걱정하지요. 하지만 분명한 사실은 이미 GMO를 이용한 수많은 먹거리가 우리 식탁에서 피할 수 없는 음식이 되었다는 거예요. 그러니 잘 몰라서 당황하기보다는 선택한 식품에 대한 정확한 정보를 아는 것이 중요할 거예요.

옥수수 한 알이면 한 끼 식사가 되겠는 걸?

047
유전자 조작 모기로 야생 모기를 잡는다고요?

모기는 여름철이면 우리를 괴롭히는 해충이에요. 한 번 물리면 퉁퉁 붓기도 하고 간지러워 잠을 이루지 못하기도 해요. 우리나라 모기보다 아프리카나 중남미 지역에 사는 모기는 더 심각한 문제를 일으키지요.

모기는 말라리아, 뎅기열, 일본뇌염 등 여러 전염병을 퍼트려, 한 해에만 75만 명의 목숨을 앗아가기도 해요. 백신이나 의약품이 개발되었지만 가격이 비싸 가난한 나라에는 충분하게 공급되지 못하지요.

그동안 과학자들은 모기를 없애기 위해 노력해 왔어요. 영국의 생명공학 회사인 옥시텍은 10년간 유전자 조작을 연구해 번식에 필요한 유전자를 조작한 수컷 모기를 만들었어요. 이 수컷 모기와 짝짓기를 한 암컷 모기가 알을 낳으면 태어난 애벌레는 어른 모기가 되기 전에 죽어요. 유전자 조작 모기를 둘러싸고 과학자들

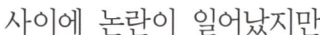

사이에 논란이 일어났지만,

옥시텍은 여러 번 유전자 모기 방출을 시험하며 미국 식품의약국의 최종 승인을 얻어 냈어요. 이후 옥시텍은 2011년 유전자 조작 모기를 말레이시아와 브라질 등에 살포했어요.

많은 생물학자와 과학자는 유전자 조작 모기가 생태계의 질서를 파괴할 것이라고 걱정해요. 원래라면 유전자 조작 모기는 물론이고, 그 자손들까지 모두 살아남아서는 안 돼요. 하지만 실험 결과, 유전자 조작 모기와 암컷 모기 사이에 태어난 애벌레 일부가 죽지 않고 어른 모기가 될 때까지 살아남아 논란이 되었지요.

2021년 4월부터 미국 플로리다주의 키스 제도에 유전자 조작 모기 14만여 마리가 방사되었어요. 주민들과 환경보호단체들은 위험한 실험이라며 우려하고 있어요. 전염병으로부터 사람을 구하는 게 먼저일까요, 아니면 유전자 조작 모기로부터 생태계를 구하는 것이 더 중요할까요? 여러분의 생각은 어떤가요?

048
아시아 최초의 종합 유전자 지도가 완성되었다고요?

러시아는 어디 있을까요? 베트남의 수도는요? 세계 여러 나라와 도시가 어디 있는지 알고 싶다면 세계 지도를 펼쳐 보면 돼요. 우리나라와 얼마나 떨어져 있는지, 주변에는 어떤 나라가 있는지 한눈에 볼 수 있지요.

그렇다면 우리의 생김새나 성격을 결정하는 유전자는 우리 몸 속 어디에 있을까요? 만약 그 위치를 모두 알 수 있다면 우리 몸에 숨겨진 비밀을 더 많이 이해할 수 있게 될 거예요.

사람을 포함한 모든 생물체의 염색체 속에는 DNA가 있고, 이 DNA 속에는 유전정보가 들어 있지요. 하지만 마치 암호처럼 숨겨져 있어서 해독하는 과정이 필요해요.

나에 대해 알고 싶니?

안 궁금하거든!

DNA를 해독하는 기술은 1977년 처음 발표되었어요. 이 기술을 개발한 프레데릭 생어 박사는 박테리오파지라는 바이러스의 DNA를 정확하게 해독해 냈어요. 이후 과학자들은 인간의 유전자 전부를 해독하고 싶어졌어요. 13년의 노력 끝에 2003년에 인간 유전체(유전자 전체) 지도의 초안이 완성되었어요. 사람들은 이를 이용해 질병의 예방법과 치료법을 개발할 수 있게 되었지요.

하지만 지금까지 사용되는 인간 유전자 지도는 주로 백인과 흑인 일부의 유전체 정보를 바탕으로 하고 있어요. 아시아인의 유전체는 그 정보가 부족하고 연구도 많지 않아 아시아인을 대상으로 한 진단과 치료에 어려움이 있었어요.

그러던 2019년, 우리나라가 주도한 연구팀이 아시아 64개 나라 219개 민족의 유전자를 분석하는 데 성공했어요. 아시아인에 대한 유전체 정보가 많으면 많을수록 아시아인이 어떤 질병에 걸릴 위험이 더 높은지, 어떤 약물이 효과가 높은지 정확하게 분석할 수 있어요. 이러한 연구 결과는 앞으로 우리나라를 포함한 아시아에 사는 많은 사람이 건강하게 살 수 있도록 도와줄 거예요.

049

냉동 기술로 죽은 사람을 되살릴 수 있을까요?

고대 이집트에서는 사람이 죽어도 영혼은 남아 있다고 생각했어요. 그래서 영혼이 몸으로 돌아와 영원히 살 수 있도록 미라를 만들어 몸이 썩지 않게 만들었어요. 21세기에도 이와 같은 일들이 일어나고 있어요. 바로 '냉동 인간 보존술'이지요.

냉동 인간 보존술은 말 그대로 인간을 냉동시키는 기술이에요. 냉동 인간 회사의 냉동 보존 기술자들은 환자가 사망하는 순간 현장에 도착해, 시신을 차갑게 한 뒤에 혈액 등 신체의 수분을 모두 제거하고, 그 자리에 동결방지제를 채워 넣어요. 동결방지제가 다 채워진 시신은 영하 196℃의 액체질소 캡슐에 보관하지요.

동결방지제는 우리 몸을 얼렸을 때 세포가 파괴되는 것을 막아 주는 물질로, 냉동 기술에 가장 필수적이에요. 수많은 세포

로 이루어져 있는 우리 몸은 온도가 내려가면 세포 속의 수분이 얼면서 세포의 세포막을 손상시켜요. 결국 세포가 찢어지면서 제 기능을 잃고 죽음에 이르게 되지요. 하지만 동결방지제를 몸에 넣으면 세포의 어는점이 낮아져 얼음 결정이 만들어지는 것을 방지할 수 있어요.

무사히 냉동시킨다고 해도 더 어려운 문제가 남아 있어요. 그건 얼린 몸을 안전하게 녹이는 '해동' 기술이에요. 식물과 동물의 일부 장기로 진행한 실험은 성공을 거두기도 했어요. 우리나라 농촌진흥청에서는 액체질소에 보존했던 꽃줄기의 일부를 해동해서 키운 뒤, 다시 꽃을 피워 냈지요. 미국 매사추세츠 공과대학교 연구팀에서는 냉동 보존한 토끼의 뇌를 거의 완벽하게 되살려 냈어요. 하지만 인간의 몸 전부를 완벽하게 해동하는 것은 이 정도와는 비교할 수 없을 정도로 어려운 문제예요.

현재 미국과 러시아에는 냉동 인간 보존 회사들이 있고, 수백 명이 냉동되어 있다고 해요. 앞으로 과학기술이 더 발달한 먼 미래에 이들은 다시 살아날 수 있을까요?

050
알츠하이머병을 정복할 수 있을까요?

　찾아갈 때마다 반갑게 맞아주시며 손에 용돈을 꼭 쥐여 주시는 할아버지, 할머니가 어느 날 갑자기 우리 가족을 알아보지 못한다면 어떨까요? 그만큼 가슴 아픈 일도 없을 거예요.

　우리나라 전체 노인의 10명 중 1명이 치매를 앓고 있다고 해요. 이런 치매는 왜 발생하는 걸까요? 치매의 종류는 여러 가지가 있지만 그중 가장 흔히 발생하는 것은 알츠하이머병이에요. 알츠하이머병은 독성 물질이 뇌에 쌓여서 서서히 뇌가 손상되어 나타나요.

　의료 기술이 발달하면서 인간을 괴롭혔던 질병이 하나둘 치료되고 있는데, 알츠하이머병은 왜 아직 치료제가 없는 걸까요? 알츠하이머병은 발병 원인이 복합적으로 작용하는 아주 복잡한 질병으로 추측되고 있어요. 알츠하이머병을 일으킨다고 추측되는 물질인 베타아밀로이드를 억제하는 여러 신약이 개발되기도 했지만, 동물실험이나 사람을 대상으로 한 임상시험 단계에서 효과가 없거나 부작용이 발생해 중단되고 말았어요. 어떤 제약사는 치료제 개발 포기를 선언하기도 했지요. 그렇게 10년 넘게 알츠하이머병의 신약 개발 소식은 들려오지 않았어요.

그러나 최근 다시 알츠하이머병 연구가 활발하게 진행되고 있어요. 예를 들어 기존에는 뇌에 생긴 독성 물질을 없애는 데 공을 들였다면 이제는 지금까지와는 다르게 아예 독성 물질이 생기지 않게 하는 방법을 연구 중이에요.

신약 개발은 쉽지 않은 일이에요. 지금 약국에서 쉽게 사 먹는 약들은 수많은 과학자가 노력한 결과물이에요. 알츠하이머병처럼 가족들의 마음을 아프게 하는 질병을 낫게 해주는 신약이 하루라도 빨리 개발되었으면 좋겠어요.

051
더 안전하게 약을 조제할 수 있을까요?

약을 짓는 일을 '조제'라고 해요. 약 중에도 암을 치료하는 항암제를 조제하는 일은 무척 까다롭다고 하지요. 면역력이 많이 떨어진 암 환자에게 투여하는 약이기 때문에 어떠한 세균도 없는 상태로 관리된 무균실에서 조제해야 해요. 약사들은 신발을 갈아 신고 손에 소독제를 바른 뒤 보호복과 장갑, 마스크와 모자를 써야 하지요.

대부분의 항암제는 암을 일으키는 발암물질이에요. 그래서 항암제를 만들다가 인체 부위에 닿을 경우 위험할 수 있어요. 이는 충분히 일어날 수 있는 일이에요. 약물이 튀어 피부로 흡수될 수도 있고 실수로 주삿바늘에 찔릴 수도 있어요.

이런 위험한 약을 짓는 일을 이제는 로봇이 대신할 수 있어요. 미국의 샌프란시스코 메디컬센터는 세계 최초로 조제 로봇을 들여온 이후, 현재 25대가 조제 업무를 맡고 있어요. 병원 약국에서도 대부분 조제 로봇을 이용해 약을 만든다고 해요.

우리나라의 경우 2015년 삼성서울병원이 항암제 조제 로봇 '아포테카 케모'를 도입한 이후, 하루에 100건 이상 항암제를 조제하고 있어요.

 조제 로봇은 어떤 과정을 거쳐 약을 만드는 걸까요? 먼저 병원 컴퓨터 시스템을 통해 약국으로 내려온 처방전의 바코드를 인식해요. 그 처방전에 따라 로봇은 약을 선택한 뒤에 봉지에 넣으면, 약사들이 확인하고 약봉지를 밀봉해 환자에게 건네지요.

 조제 로봇이 많아지면 약사라는 직업이 사라지는 건 아닐까요? 그보다는 항암 조제 로봇이 약사가 원래의 업무를 더 잘 할 수 있도록 도와줄 거예요. 약사들은 위험한 약의 조제는 로봇에게 맡기고, 그 시간 동안 환자들에게 더 가까이 다가갈 수 있을 거예요. 환자들은 기다리는 시간이 줄어들 테고, 약에 대한 설명을 충분하게 들을 수 있겠지요.

052

육종 기술과 생명공학이 만나면 어떤 일이 벌어질까요?

설향, 숙향, 매향, 금실, 킹스베리 등

어떤 과일을 나타내는 말일까요? 바로 빨갛고 달콤한 딸기 품종들이에요. 품종마다 모양이나 크기, 맛 등이 조금씩 달라요. 해마다 더 달고 더 단단하고 더 달콤한 새 품종 딸기가 계속 개발되어 나오고 있지요. 우리나라에 등록된 딸기 품종만 무려 60개가 넘어요.

새로운 품종은 육종을 통해 만들어져요. 육종이란 새로운 품종을 개발하는 기술이에요. 병충해에 강하고 저장하기 편하고 맛이 좋은 품종을 많이 만들기 위한 육종 기술은 점점 발달하

고 있어요.

  전통적인 육종 방식은 작물이나 가축 중에 가장 튼튼한 것을 골라내어 번식시키는 것이지만 이 방법은 시간이 아주 오래 걸리는 데다가 여러 번 반복해야 해요. 그리고 겉으로 나타나는 특성을 사람 눈으로 골라내야 해서 정확하지 않을 수도 있어요.

  현대에 들어서면서 이러한 육종의 한계를 극복하기 위해 생명공학 기술이 사용되고 있어요. 그중 분자 육종에 대한 관심이 높아요. 전통적인 육종에서 품질이 좋은 자손을 골라내는 일을 사람이 했지만 분자 육종에서는 원하는 유전자가 자손에 들어 있는지 유전자 분석을 통해서 미리 알 수 있어요. 이 기술을 이용하면 눈에 보이는 특징뿐만 아니라 눈에 보이지 않는 특징까지 쉽게 분석할 수 있어 육종 기간을 반으로 줄일 수도 있지요. 유전자를 건드리지 않아 다른 종의 유전자를 직접 넣어 만든 GMO처럼 불안감을 불러일으키지도 않아요.

  현재 고추, 토마토, 배추의 유전체는 완전히 해독되어 유전자 지도를 이용한 품종을 개발하고 있어요. 우리나라는 2021년까지 브로콜리, 딸기, 파프리카 등 23종 작물의 유전체를 해독하려는 목표를 가지고 있답니다.

053

운전자가 꾸벅꾸벅 졸아도 안전한 자동차가 있다고요?

"빵! 빵!"
아이코, 깜짝이야. 이런 운전을 하다 깜빡 졸았나 봐요. 뒤 차가 울리는 경적에 정신이 번쩍 들었어요.

졸음운전은 자칫하면 큰 사고로 이어지기도 해서 정말 조심해야 하지요. 그래서 너무 피곤한 날에는 자동차가 알아서 운전해 주면 참 좋을 텐데 생각해요.

스스로 움직이는 자동차를 자율주행 자동차라고 해요. 이미 우리나라를 비롯한 세계 여러 나라의 자동차 회사에서 자율주행 기술을 부분적으로는 적용한 자동차를 만들고 있어요. 예를 들어 원하는 속도를 설정하면 운전자가 액셀을 계속 밟지 않아도 자동으로 그 속도를 유지할 수 있어요. 차선을 바꾸려 할 때 옆 차선의 다른 차가 다가오면 경고음이 울리기도 하고 앞차와

거리가 너무 가까워지면 자동으로 속도를 줄여 주기도 하지요.

　이제 곧 성능이 더 좋아진 자율주행 자동차가 도로를 활보할 시대가 머지않아 보여요. 완전한 자율주행 자동차가 실용화된다면 운전하는 사람이 필요 없으니 차에 탄 사람 모두가 승객이에요. 서로 마주 보고 앉아 간식을 즐기며 이야기를 나누거나 영화를 관람하거나 게임을 즐길 수도 있어요. 그러다가 목적지에 도착하면 내리기만 하면 되지요. 자동차는 스스로 주차장에 가서 주차를 하고 시동까지 끌 테니까요. 알아서 척척 주변 장애물이나 위험을 감지하고 반응하기 때문에 실수로 인한 사고는 아주 많이 줄어들 거예요.

　그러나 많은 사람이 여전히 자동차가 스스로 움직이는 것에 대해 불안해해요. 또 보행자와 부딪힐 수밖에 없는 상황에서 누구의 안전을 우선순위에 두고 판단을 내릴지, 만약 사고가 났을 때는 그 책임이 자동차 회사인지 또 안에 타고 있던 사람인지 등 해결해야 할 여러 윤리적인 문제들은 아직 많이 남아 있답니다.

주소만 있다면 어디든지 무인 배달이 가능하다고요?

요즘에는 장난감, 옷, 생활용품 심지어 신선한 식품까지도 인터넷을 이용해 살 수 있어요. 지구 반대편 나라에서 파는 물건이라도 집에서 클릭 몇 번만으로 배달 받을 수 있지요. 이렇듯 인터넷이나 통신기기를 이용해 상품을 사고파는 일을 '전자상거래'라고 해요.

초기에는 주로 전화기나 컴퓨터를 사용했지만, 지금은 대부분의 사람이 스마트폰으로 편리하게 쇼핑을 하고 결제하지요. 이제 전자상거래가 없다면 일상생활은 무척 불편해질 거예요. 이러한 전자상거래를 안전하게 마무리 짓기 위해서는 배달 과정이 꼭 필요해요. 전 세계적으로 전자상거래의 규모가 커지면서 배달해야 할 택배 수도 급속도로 늘어났어요. 사람들은 구매한 물건을 하루라도 빨리 받고 싶어 하지만, 택배 일손은 한정되어 있어요.

이제 택배 업무를 로봇이 대신하는 방법을 사람들이 연구해 개발했어요. 세계에서 가장 큰 인터넷 기업 중 하나인 구글은

공장에서 만든 제품을 회사로 운반하고 다시 소비자에게 배달하는 일까지를 로봇에게 맡길 계획이라고 밝혔어요. 운전자가 없는 자율주행 자동차에 짐과 로봇을 태워 배송지에 도착하면, 로봇들이 짐을 들고 차에서 내려 목적지까지 가서 배달하지요.

세계 최대 온라인 쇼핑몰 기업 아마존은 드론을 이용해 상품을 배달할 계획을 세우고 있어요. 이를 위해 최근 미국 연방항공청(FAA)으로부터 배송용 드론 '프라임 에어' 운항을 허가 받았어요. 아마존은 드론을 이용해 무게 5파운드(약 2.2kg) 이하의 상품을 30분 안에 배송한다는 계획을 하고 있어요.

앞으로는 긴급하거나 무겁고 큰 물건을 배달할 때 또는 사람이나 자동차가 들어가기 힘든 장소에 배달할 때는 로봇이 대신 해결하는 시대가 될지도 몰라요. 그러면 도시에서 멀리 떨어진 외딴 시골이나 섬에서도 필요한 물건을 바로 받아볼 수 있게 될 거예요.

055
도로를 달리다가 하늘을 나는 자동차라고요?

"앞으로는 비행기와 자동차를 결합하게 될 겁니다. 우스운 소리로 들리겠지만, 분명히 그날이 올 겁니다."

포드자동차를 설립한 헨리 포드가 1940년에 말한 예언이에요. 도로를 달리다가 날개를 펴고 하늘로 날아오르는 차, 상상만 해도 참 멋지지요? 이러한 플라잉 카를 만들려는 연구는 오래전부터 시작되었지만 아직 주변에서 실제로 볼 수는 없어요. 플라잉 카는 자동차보다 운전하기 어려운 데다 연료 소모에 비해 효율이 낮고 엄청 시끄러워요. 게다가 도로를 달리는 것과 달리 하늘을 나는 데는 위험 요소가 많고 만약 문제가 생기면 땅으로 추락하기 때문에 사람을 다치게 하거나 건물과 도로에 피해를 줄 수 있어요. 이러한 이유로 아직 하늘을 나는 플라잉 카는 상용화되지 못했어요.

하지만 최근 드론 기술이 발전하면서 세계 각국의 드론 회사

들이 드론을 활용해 플라잉 카를 만들기 시작했어요. 드론은 비슷한 용도의 헬리콥터보다 소음과 흔들림이 적고 조종하기 쉽다는 장점이 있어요. 게다가 수직으로 이착륙이 가능해 활주로를 따로 만들 필요도 없지요. 하지만 안전 문제는 물론이고, 지금보다 배터리의 성능이 훨씬 많이 좋아지고 가벼워져야 하는 등 해결해야 할 문제들도 여전히 많아요.

드론 회사들뿐만 아니라 항공기 제작사들도 플라잉 카를 만들려고 시도하고 있어요. 이들이 만드는 경비행기 형태의 플라잉 카는 드론과 달리 이착륙을 할 때 활주로가 필요하고 운전하는 사람은 반드시 항공기 면허를 따야 해요. 드론 자동차보다 한 대 가격이 아주 더 비싸다는 단점도 있어요.

드론과 경비행기, 자동차의 장점을 두루 갖춘 플라잉 카가 등장할 날이 올까요? 미래의 도시는 땅과 하늘을 모두 누비는 교통수단으로 가득하게 될지도 몰라요.

서울에서 부산까지 20분 만에 갈 수 있다고요?

최초의 증기기관차는 속도가 시속 20km에 불과했어요. 하지만 지금의 고속열차는 10배 이상 빨라졌죠. 일본이 새로 건설 중인 리니어 츄오 신칸센은 주행 시험에서 최고속도 581km를 기록하며 세계에서 가장 빠른 열차가 되었어요. 이 열차가 빠르게 달릴 수 있는 이유는 자기부상열차이기 때문이에요.

자기부상열차는 같은 극끼리는 서로 밀고, 다른 극끼리는 서로 끌어당기는 자석의 힘을 이용해요. 선로와 열차에 서로 다른 극을 주어 열차를 공중에 띄워 앞으로 나아가게 하지요. 덕분에 보통 열차보다 빠르고 소음이 적으며 흔들림이 거의 없어요. 그래서 여러 나라에서 초고속으로 달리는 자기부상열차를 상용화하려고 노력하고 있지요.

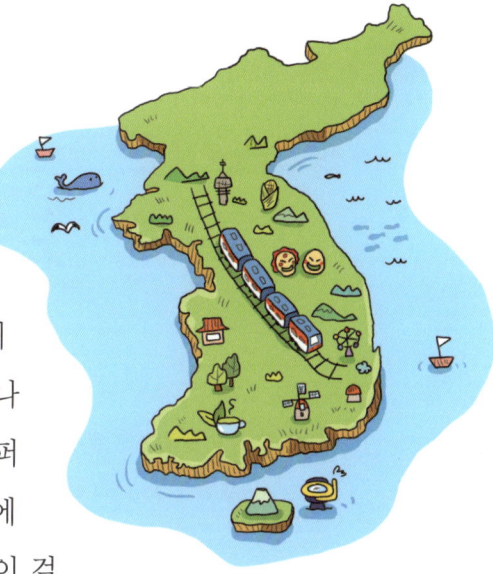

자기부상열차가 지금처럼 공기를 뚫고 가는 대신 진공 상태의 튜브 속을 지난다면 더욱더 빠른 속도로 나갈 수 있을 거예요. 이를 '하이퍼튜브'라고 불러요. 현재 서울에서 부산까지 KTX로 2시간 반이 걸리는 구간에 하이퍼튜브를 설치하면 자기부상열차는 최대 시속 1,200km로 날아갈 수 있어 20분이면 도착하지요.

물론 이 기술이 실현되려면 몇 가지 해결해야 할 문제들이 있어요. 먼저 수백에서 수천 km에 이르는 긴 터널을 진공 상태로 만들어 유지하기란 쉽지 않다는 점이에요. 특히 국토의 대부분을 산이 차지하는 우리나라는 곡선 도로가 많아 빠른 속도를 낼 수 있는 구간이 부족할 수 있어요. 이 때문에 고속철로를 대부분 다시 새로 깔아야 한다는 문제가 있지요.

그러나 언제나 그랬듯이 새로운 소재나 기술이 개발된다면 이런 문제들이 순식간에 해결될 수도 있어요. 그렇게 되면 전국 어디든 30분 이내에 갈 수 있게 될 거예요.

휴머노이드, 안드로이드, 사이보그 뭐가 다른가요?

2018년 평창 동계올림픽 성화를 들고 띈 휴보
감정을 표현하고 표정으로 나타내는 소피아
로봇 팔과 로봇 다리를 단 경찰 머피

모두 로봇처럼 보이는 데 무슨 차이가 있을까요? 로봇은 스스로 움직이며 일을 하는 기계예요. 하지만 다 똑같지는 않아요. 서로 종류가 다르고 용어도 조금씩 다르지요.

생김새가 인간과 닮은 로봇을 '휴머노이드'라고 불러요. 인간처럼 두 다리로 걷고 두 팔을 움직이며 인간이 할 일을 대신하지요. 휴머노이드 로봇 중에서 인간과 구분이 되지 않을 정도로 똑같이 생긴 경우에는 '안드로이드'라고 불러요. 겉모습뿐만 아니라 지능이나 행동, 감정도 마치 진짜 사람 같지요.

　과학자들은 사람과 비슷한 표정을 짓고 대화를 나누는 안드로이드를 개발하기는 했지만, 아직 완벽하게 실현되지는 않았어요. 사람들은 로봇이 자신의 모습과 닮을수록 호감을 느끼지만, 어느 수준에 도달하면 강한 거부감을 느껴요. 이 지점을 '불쾌한 골짜기'라고 부르지요. 닮았지만 뭔가 불완전하다고 느끼기 때문이에요. 그러다 로봇이 사람과 구분할 수 없을 정도로 똑같은 모습이 되면 호감은 다시 증가해요. 이런 수치가 깊은 골짜기 모양으로 그래프를 그린다고 해서 붙은 이름이에요. 앞으로 안드로이드는 이 불쾌한 골짜기를 극복하는 것이 하나의 큰 과제예요.

　반면 사이보그는 인간의 몸에 기계장치를 결합한 거예요. 기계의 장점과 인간의 장점을 모두 가지는 경우지요. 안드로이드나 휴머노이드는 기계지만, 사이보그는 기본적으로 인간이라는 점에서 큰 차이가 있지요.

　그럼 이제 세 로봇을 구분해 볼까요? 휴보는 휴머노이드, 소피아는 안드로이드(아직 완벽하지 않지만) 마지막으로 머피는 사이보그랍니다.

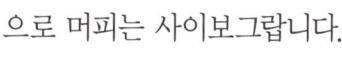

 인공지능이 《승정원일기》를 번역한다고요?

유네스코의 기록 유산인 《승정원일기》는 왕의 직속 비서에 해당하는 승정원이 왕실에서 벌어지는 일들을 빠짐없이 기록한 것이에요. 임진왜란 때 일어난 화재로 많은 부분이 소실되었지만, 다행히 아직 2억 4,250만 자에 달하는 3,243권 분량이 남아 있어 세계 최대를 자랑해요. 《승정원일기》는 1994년부터 번역을 시작했지만, 워낙 방대한 규모라 아직 20%밖에 진행되지 않았어요. 전문가들은 2062년이 되어야 번역을 모두 끝낼 수 있을 거라 예상했어요. 고전 한문은 하나의 글자도 글의 흐름에 따라 여러 가지로 해석될 수 있어서 번역이 복잡하기 때문이죠.

그런데 이 시기가 훨씬 앞으로 당겨질 수 있다고 해

로봇도 쉬어야지.

요. 인공지능 번역기가 힘을 보태기 시작했기 때문이에요. 이 일을 맡은 인공지능 번역업체 시스트란이 개발한 자동 번역 기술은 단어가 아닌 문장을 통째로 파악해 번역할 수 있을 정도로 수준이 높아요. 이와는 별개로 2021년에는 우리나라 연구진이 조선왕조실록 데이터 기반의 인공지능을 이용해 며칠 만에 《승정원일기》 초벌 번역에 성공하기도 했지요. 다양한 번역 프로그램들의 작업물을 전문 번역사가 감수하고 보완하는 형식으로 진행되면 시간과 비용이 크게 절감될 거예요.

《조선왕조실록》은 1968년에 시작되어 25년 뒤인 1993년에 총 413권으로 번역이 완료되었어요. 덕분에 우리들은 조선을 새로운 시각으로 보게 되었고, 몰랐던 사실들도 많이 알게 되었지요. 《조선왕조실록》에 적힌 단 한 줄의 문장이 큰 인기를 끄는 드라마나 영화로 만들어지기도 했어요. 《승정원일기》가 완벽하게 번역되면 조선 왕조의 모습을 더 자세히 들여다볼 수 있게 될 거예요. 그렇게 되면 조선을 새로운 시각으로 다루는 다양한 문화 콘텐츠들이 쏟아져 나올지도 모른답니다.

인공지능과 감정을 주고받을 수 있을까요?

"눈은 웃고 있지 않네요?"

억지웃음을 짓다가 앞에 서 있던 페퍼에게 들켜 버렸어요. 페퍼는 사람이 아니에요. 세계 최초의 소셜 로봇이지요. 소셜 로봇이란 언어나 몸짓 등의 행동으로 사람과 교감하는 로봇을 말해요. 이런 소셜 로봇은 사람의 감정을 읽으면서 자신의 감정도 표현할 수 있어요. 페퍼는 수줍어하기도 하고, 대화가 재미있으면 흐뭇해하기도 해요. 어떻게 로봇이 사람의 감정을 읽을 수 있는 걸까요?

페퍼는 사람의 표정과 목소리 상태를 파악해 감정을 분석해요. 이런 기술을 감정인식이라고 하지요. 단순히 얼굴을 알아보는 안면인식과는 다른 기술이지요. 전 세계에 수출된 수천 대의 페퍼는 많은 사람과 대화하면서 학습량을 늘리고, 이것을 인터넷으로 공유하면서 감정 인식 수준을 높이고 있어요.

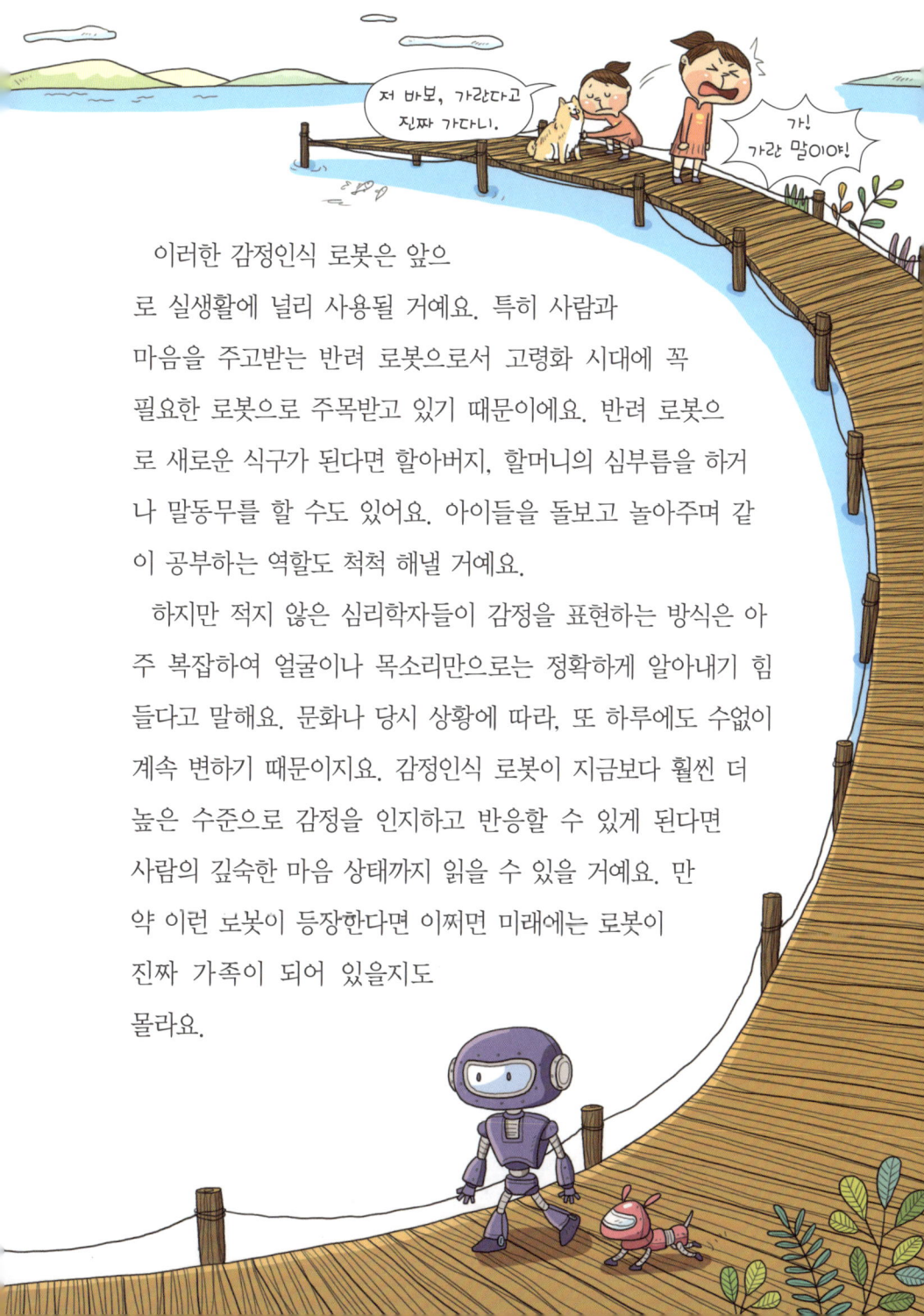

 이러한 감정인식 로봇은 앞으로 실생활에 널리 사용될 거예요. 특히 사람과 마음을 주고받는 반려 로봇으로서 고령화 시대에 꼭 필요한 로봇으로 주목받고 있기 때문이에요. 반려 로봇으로 새로운 식구가 된다면 할아버지, 할머니의 심부름을 하거나 말동무를 할 수도 있어요. 아이들을 돌보고 놀아주며 같이 공부하는 역할도 척척 해낼 거예요.

 하지만 적지 않은 심리학자들이 감정을 표현하는 방식은 아주 복잡하여 얼굴이나 목소리만으로는 정확하게 알아내기 힘들다고 말해요. 문화나 당시 상황에 따라, 또 하루에도 수없이 계속 변하기 때문이지요. 감정인식 로봇이 지금보다 훨씬 더 높은 수준으로 감정을 인지하고 반응할 수 있게 된다면 사람의 깊숙한 마음 상태까지 읽을 수 있을 거예요. 만약 이런 로봇이 등장한다면 어쩌면 미래에는 로봇이 진짜 가족이 되어 있을지도 몰라요.

생각만으로 친구와 대화할 수 있을까요?

친구와 대화하고 싶다면 어떻게 할까요? 과거라면 직접 만나 입과 표정을 사용해 대화하거나 손으로 편지를 써서 보내야 했지요. 지금은 전화나 문자를 이용해 서로 떨어져 있어도 이야기를 나눌 수 있어요. 하지만 음성이나 문자를 사용해야 한다는 것에는 변함없지요. 다른 방법으로는 대화할 수 없을까요?

뇌와 뇌가 서로 연결되어 생각만으로 대화를 나눈다고 상상해 보세요. 그러면 우리가 전달하려는 말을 상대방이 정확히 파악할 수 있을 거예요. 우리는 상대방을 보지 않아도 눈앞에 있는 것처럼 생생하게 이야기할 수 있게 되지요.

　매사추세츠 공과대학 연구팀은 얼굴과 턱 근육의 미세한 전기 신호를 읽어 인공지능으로 분석해 음성으로 표현할 수 있는 기술을 개발하고 있어요. 입으로 말하지 않아도 머릿속에 떠올린 단어를 읽는 기기가 등장하는 거예요. 또 소셜미디어 회사인 페이스북은 생각만으로 문자를 입력할 수 있는 기술을 개발하겠다고 발표했어요. 뇌파를 분석해서 문자를 입력하게 하는 원리를 사용해, 생각만으로 1분에 100단어를 입력할 수 있도록 하는 것을 목표로 하고 있지요. 이것은 스마트폰에 손으로 문자를 입력하는 것보다 5배는 더 빠른 속도예요

　생각만으로 글을 쓰고 대화를 한다는 건 정말 편리하고 유용한 기술이에요. 하지만 어떤 사람들은 생각이라는 아주 개인적인 공간이 과학기술에 의해 침범낭할 거라 경고해요. 만약 상대방에게 절대 알리고 싶지 않은 생각이 강렬하게 떠오르면 어떻게 할까요? 그런 생각이 말이나 글로 이미 전달이 되어 버렸다면요? 이런 시대가 된다면, 새로운 문제를 해결하는 안전장치 기술이 필요하게 될 거예요.

인공지능은 진화할수록 위험해질까요?

인공지능은 점점 똑똑해지고 있어요. 이제 인공지능은 인간이 오랫동안 붙잡고 있던 어려운 문제를 풀어내거나 튼튼하고 힘이 센 로봇 형태로 여러 작업을 수행하기도 해요. 이러다가 머지않아 인간보다 모든 면에서 뛰어난 인공지능 로봇이 등장하는 건 아닐까요? 그럼 인간과 로봇의 관계는 어떻게 변할까요? 실제로 많은 영화에서 고도의 인공지능을 가진 로봇이 인류를 지배하거나 위협하는 내용을 다루고 있어요. 인간과 로봇의 위치가 바뀌어 버린 거예요.

몇몇 과학자는 인공지능의 발전을 걱정하기도 해요. 마이크로소프트를 설립한 빌 게이츠는 인공지능의 발전이 인류에게 위협이 될 수 있다고 생각한다고 했고, 물리학자 스티븐 호킹 역시 인공지능이 인류에게 재앙이 될 수 있다고 말했지요. 정말 인공

로봇이 다하면 나는 뭐하지?

지능은 미래에 인간의 통제를 벗어나 인류를 공격할까요?

지금의 기술 수준으로는 사람처럼 움직이며 스스로 결정하고 행동하는 인공지능이 등장할 시기는 까마득한 먼 미래일 거라고 해요. 복잡해 보이는 휴머노이드도 사실은 인간을 아주 단순화시켜 만든 것에 불과하거든요. 어떤 과학자들은 인공지능이 통제를 벗어나 인류를 공격할 확률은 소행성이 지구에 충돌해 전 인류가 멸망할 확률만큼이나 낮다고 말해요. 인공지능이 스스로 사람을 해칠 확률보다는 사람이 인공지능을 이용해 다른 사람을 해치게 할 확률이 더 높을지도 몰라요. 따라서 더 경계해야 할 것은 인공지능이 아니라 인공지능을 만들고 제어하는 사람이에요.

우리들이 꼭 기억해야 할 것은 사람의 생명과 가치예요. 로봇은 인간을 위해 일하는 존재예요. 우리들 또한 인공지능을 개발할 때 인간을 위하는 마음을 가져야 해요. 사람의 생명을 소중히 여기는 마음으로 로봇을 만든다면 로봇이 인간을 공격하는 일은 없을 거예요.

062

선 없이 기기를 서로 연결할 수 있다고요?

몇십 년 전만 해도 전자기기를 서로 연결하려면 선이 필요했어요. 그래서 전화기, 스피커, 이어폰 등에는 당연하게 선이 달려 있었어요. 요즘은 이런 전자기기들에 선이 없는 경우가 많아요. 무선통신기술이 발달했기 때문이에요. 무선통신이란 전파를 이용해 선 없이 정보를 전달하는 기술이에요. 현재 많이 사용되는 무선통신기술에는 와이파이, 블루투스, RFID, NFC 등이 있어요.

와이파이나 블루투스는 생활 속에서 쉽게 들을 수 있어요. 와이파이는 우리나라 모든 곳에서 사용되고 있지요. 무선접속장치가 설치된 곳이라면 전파를 이용해 일정 거리 안에서 인터넷을 할 수 있도록 하는 기술이에요. 블루투스는 가까이 있는 기기를 무선으로 연결하는 기술이에요. 이어폰이나 스피커를 스마트폰과 연결하는 데 많이 사용되어요. 가격이 저렴하고 전력이 많이 필요하지 않아 웨어러블 기기나 사물인터넷 등에 널리 활용될 것으로 기대하고 있어요.

RFID는 아주 작은 칩에 저장된 정보를 전파를 통해 인식하는 기술이에요. 바코드와 비슷하지만, 빛 대신 전파를 이용하고 먼 거리에서도 인식이 가능하다는 점이 달라요. 개인 정보를 담은 도서관 회원카드, 사원증, 학생증뿐만 아니라 최근 늘어나는 음식물 쓰레기 종량제 카드에도 사용되고 있어요. NFC는 RFID의 기술을 바탕으로 개발된 통신기술로, 짧은 거리 내에서 기기를 서로 연결해요. 이 기술은 요즘 대부분의 스마트폰 안에 들어가 있어, 교통카드, 신용카드, 쿠폰 등 다양한 분야에서 활용되고 있어요.

많은 무선통신 기술들이 우리가 사용하는 기기의 모습을 더욱 단순하고 편리하게 만들어 주었어요. 아직은 전선들이 복잡하게 얽혀 있는 곳이 많지만 무선통신 기술이 더 발전한다면 미래에는 전선이 아예 사라져 버릴지도 몰라요.

에어컨을 입을 수 있다고요?

밖에 나오니 날씨가 너무 더워요. 스마트폰을 꺼내 애플리케이션을 실행한 다음 온도 조절을 했더니, 입고 있던 셔츠가 순식간에 시원해졌어요.

웨어러블 에어컨이에요. 웨어러블(wearable)이란 영어로 '착용할 수 있다'라는 뜻이에요. 실제로 일본의 한 전자기기 제조사가 만든 웨어러블 에어컨은 손바닥 크기의 하얀색 플라스틱 냉각 장치예요. 스마트폰과 블루투스로 연결해 온도와 바람세기를 조절할 수 있지요. 옷이나 손에 붙여 사용하면 더운 여름에도 시원하게 다닐 수 있어요.

옷처럼 입을 수 있는 웨어러블 기기도 있어요. 이를 '스마트 의류'라고 하는데, 센서가 탑재된 운동복을 입으면 사용자의 체형과 자세 등의 정보를 알아내요. 그러면 스마트 애플리케이션이 설정한 운동 자세에 맞추어 움직임을 분석해 주고, 잘못된 동작을 취하면 진동을 울려 알려 줄 수도 있어요.

　스마트 의류는 의료 분야에서 활발히 활용되고 있어요. 섬유에 작은 센서를 부착해 만든 스마트 양말은 신는 것만으로도 몸 상태를 알 수 있어요. 체온과 맥박 또는 걷는 자세 등을 측정해 이상이 감지될 경우 병원에 가야 한다는 메시지를 전해 줄 거예요. 세탁기로도 세탁할 수 있어 관리도 아주 편리하지요.

　무거운 짐을 손쉽게 들도록 도와주는 스마트 의류도 있어요. 겉보기에는 평범한 점퍼처럼 보여도 전류를 흘리면 수십 킬로그램의 무게까지 들 수 있지요.

　시계나 밴드 위주로 발전했던 처음과 달리 웨어러블 기기는 다양한 형태로 개발되고 있어요. 그러니 머지않아 옷을 입거나 신발을 신고, 모자를 쓰는 것만으로도 다양한 기능을 사용할 수 있게 될 거예요.

미래의 스마트폰은 어떤 모습일까요?

2009년 아이폰이 출시된 이후 스마트폰은 사람들의 삶을 완전히 바꾸었어요. 이제는 스마트폰 없이 사는 것은 거의 불가능할 정도예요. 사람들 대부분의 일과는 스마트폰으로 시작해 스마트폰으로 끝나요. 시간을 확인할 때도, 인터넷을 할 때도, 사진을 찍을 때도, 은행 업무를 볼 때도 모두 스마트폰을 사용하지요. 최근에는 인공지능과 사물인터넷 같은 첨단 기술이 적용되어 스마트폰이 더 똑똑해졌어요.

전문가들은 웨어러블 기기가 더 발전하면 스마트폰을 대체하게 될지도 모른다고 말해요. 옷이나 안경, 시계처럼 몸에 착용하는 웨어러블 기기를 통해 스마트폰의 기능을 모두 활용할 수 있게 되는 거예요.

예를 들어 팔찌 형태의 스마트폰을 손목에 시계처럼 두르면 내부에 부

착된 프로젝터가 빛을 쏘아 손목 위로 휴대전화 화면이 나타나요. 손가락으로 화면을 터치해서 조작할 수도 있어요. 그렇게 되면 스마트폰은 집에 두고 꼭 필요할 때만 꺼내 보게 될지도 몰라요. 마치 지금의 노트북 컴퓨터처럼요. 사람들은 꼭 필요할 때가 아니면 노트북 컴퓨터를 들고 다니지 않아요. 대부분의 작업을 스마트폰이 대신할 수 있기 때문이에요.

아니면 기기 자체가 아예 사라질 수도 있어요. 사람의 손 움직임을 전기신호로 바꾸는 기술이 개발된다면, 일상의 모든 공간이 휴대전화 화면이 될 수 있지요. 손가락을 허공에 대고 사각형을 만들면 카메라 없이도 사진을 찍을 수 있거나 프로젝터가 손바닥에 비춘 숫자 버튼을 누르면 전화도 걸 수 있게 될 거예요.

스마트폰의 미래는 아직 예측할 수 없어요. 직시각형의 모양은 변할지 몰라도 스마트한 기능은 여러 모양과 방법으로 발전하겠지요. 앞으로 우리 일상을 채울 스마트폰의 미래, 기대되지 않나요?

사물이 인터넷을 만나 똑똑해졌다고요?

"너무 추운데, 집에 들어가기 전에 보일러 켜 놔야겠어."
"우유가 유통기한이 지났다고? 고마워 냉장고!"

사물인터넷은 사물들이 인터넷으로 실시간 정보를 주고받는 기술이에요. 'Internet of Things'라는 영어의 앞글자만 따서 'IOT'라고 부르기도 하지요. 사람이 직접 손으로 기기에 부착된 버튼을 눌러 작동하던 시대에서 사물들끼리 서로 정보를 주고받아 작동하는 시대가 된 거예요. 마치 살아 있는 생명체처럼 정보를 수집하고 스스로 행동하는 거예요. 구체적으로 어떤 일을 할 수 있을까요?

사물인터넷을 이용하면 집을 나서기 전에 미리 자동차 시동을 걸 수 있어요. 밖에 있을 때도 집안의 가전제품을 작동시킬 수 있고, 문을 열고 잠그거나 가스 불을 차단할 수도 있어요. 굳이 집에 돌아가지 않아도 여러 가전제품을 제어할 수

김치찌개 레시피 알려 줘.

커튼 열어 줘.

있는 거지요.

　사물인터넷은 집에서만 활용되는 건 아니에요. 밖에서도 찾아볼 수 있답니다. 대구시에는 우리나라 첫 스마트 공원이 있어요. 이곳에는 시간과 요일별로 공원 이용률 등의 정보를 수집해 밝기를 조절하는 스마트 가로등, 양에 따라 자동으로 쓰레기를 압축하고 가득 차면 관리인에게 알려주는 스마트 쓰레기통, 위험 요소를 스스로 학습해서 감지하는 CCTV, 스마트폰으로 QR코드를 찍으면 대표 명소를 안내해 주고 360도로 움직여 방향과 거리를 표시해 주는 스마트 방향표지판 등이 있어요. 공원 이용을 편리하고 안전하게 만들어 줄 뿐만 아니라 에너지까지 절약하는 똑똑한 공원이지요.

　사물인터넷은 모든 사물에 제한 없이 적용할 수 있어요. 하지만 보안 문제가 취약하다는 난점이 있지요. 앞으로 기술이 발달하면 폭발적으로 성장할 사물인터넷은 미래 사회를 대표하는 모습이 될 거예요.

불타 버린 문화재를 다시 되살릴 수 있을까요?

2019년 4월 16일. 프랑스 파리에 있는 노트르담 대성당에 화재가 발생해 지붕이 불타고 첨탑이 무너지는 등 큰 피해를 보았어요. 다행히 불길이 성당 앞쪽 종탑까지 번지는 것은 막아 건물 자체가 붕괴되지는 않았지요. 이제 사람들은 노트르담 대성당을 화재 직전에 있던 모습 그대로 되돌리기 위해 조심스럽게 복원을 진행하고 있어요. 그런데 이미 불타 없어진 부분을 어떻게 똑같이 만들 수 있을까요? 노트르담 대성당은 오래되고 건축 기간이 길어 정확한 설계도가 남아 있지 않는데 말이에요.

레이저를 발사해서 부딪혀 돌아오는 시간을 계산해 공간 구조를 파악하는 '3D 스캐닝' 기술이라면 문제없어요. 미국 배서대학교의 앤드루 탤런 교수는 2011년부터 2015년까지 노트르담 대성당 전체를 샅샅이 스캔해 10억 개가 넘는 표면 정보를 모았어요. 이것을 이용하면 노트르담 대성당의 상세한 구조를 알 수 있어 복구에 큰 도움을 줄 거라 기대하고 있지요.

　우리나라도 2019년에 미륵사지 석탑의 보수를 20년 만에 마쳤어요. 바로 이 3D 스캐닝 기술을 이용해서요. 미륵사지 석탑은 7세기에 건축된 동양에서 가장 오래된 석탑이에요. 이런 중요한 석탑에 일제강점기에 일본이 무너진 부분을 시멘트로 발라 놓은 상태였어요. 보수 작업이 결정되자 탑을 해체하면서 조립과 설계를 위해 3D 스캐너로 탑의 형상과 구조, 재료의 모양을 세세하게 기록했어요. 그 결과 미륵사지 석탑은 과거의 자연스러운 모습을 되찾을 수 있었답니다.

　3D 스캐닝은 재난이나 화재 등으로 파괴된 문화재를 다시 복원하기 위해 꼭 필요한 기술이에요. 세계 곳곳에서는 주요 문화재와 유적지를 3D 스캐닝하는 작업을 하고 있어요. 우리나라도 창녕 석빙고나 수원화성의 팔달문처럼 큰 건축물부터 안동 하회탈과 같은 작은 유물까지 다양한 문화재의 3D 스캐닝 자료를 구축하고 있답니다.

067
바닷속에 데이터센터를 만든다고요?

휴대전화로 친구한테 연락하려고 했더니 자꾸 '서비스 긴급 점검 중'이래요. 갑자기 연결이 안 되니 너무 답답했어요. 도대체 무슨 일인지 궁금하기도 했고요. 그런데 저녁 뉴스에 인터넷데이터센터가 과열되어 전력 장애를 일으켰다고 하네요. 그래서 그 시간에 휴대전화를 사용한 사람들은 전부 연결이 안 되었다고 해요. 데이터센터가 무엇이기에 사람들을 불편하게 만든 걸까요?

데이터센터는 인터넷이나 정보 저장 등 필요한 장비를 한 건물에 모아 24시간 일 년 내내 운영하고 관리하는 시설이에요. 즉 산업이나 가정에서 발생하는 모든 정보를 저장하고 처리하는 중심 역할을 하지요.

동영상이나 대용량 파일 등 인터넷 사용률이 급격하게 늘어나면서 데이터센터가 처리하는 정보량 또한 방대해졌어요. 일 년 내내 돌아가는 데이터센터는 엄청난 전기가 필요하고 그만큼 열

이 발생해요. 정보 저장이나 인터넷 서비스에 문제가 생기기 때문에 이 열을 식혀 주는 과정이 필요한데, 이 과정에서도 많은 전기가 사용되지요.

 이런 문제를 해결하기 위해 컴퓨터 소프트웨어 회사인 마이크로소프트는 바닷속에 데이터센터를 만든다는 황당한 아이디어를 현실화시키기도 했어요. 온도가 낮은 해수를 사용해 뜨거운 기기를 식히려는 거지요. 페이스북 또한 북극과 가까운 스웨덴 룰레오 지역에 데이터센터를 설립했어요. 한여름에도 25℃가 넘지 않는 데다 수력 발전량이 풍부해서 전기요금이 아주 저렴하다고 해요.

 산이 많은 우리나라는 산에서 내려오는 찬바람을 효율적으로 사용할 수 있도록 데이터센터를 설계하기도 해요. 인터넷으로 주고받는 정보량이 앞으로 점점 많아지면서 자연의 에너지를 활용한 데이터센터는 계속 생겨날 거예요.

068
인터넷은 얼마나 더 빨라질까요?

○○○○사 5G 스마트폰 사전 예약 서두르세요!

요즘 흔하게 들을 수 있는 단어가 바로 5G예요. 스마트폰 광고 문구에 빠짐없이 들어가 있는 이 5G라는 단어는 무슨 뜻일까요?

5G란 5세대 이동통신이라는 뜻으로, 숫자 뒤의 G는 세대라는 영어 단어인 'generation'의 첫 글자예요. 이전 기술과는 구분되는 새로운 기술에 '세대(G)'라는 단어를 사용해 구분하지요. 그렇다면 이동통신의 세대는 어떻게 변해 왔는지 살펴볼까요?

1G는 얼굴만 한 길이에 안테나를 쭉 빼서 사용하는 전화기를 사용했어요. 사람의 목소리를 전기신호로 바꿔 이동시키는 아날로그 방식으로, 전화통화만 할 수 있었어요. 2G는 아날로그 방식을 보완한 디지털 방식을 사용해 문자까지 가능해졌어요.

이후 나온 3G는 지금보다 속도는 느렸지만 문자와 음성뿐만 아니라 동영상이나 화상통화, 인터넷 등이 가능해졌어요. 이 3G 기술을 바탕으로 아이폰이 만들어지면서 사람들은 더 속도가 빠른 휴대전화를 원하게 되었지요. 4G는 고화질 동영상을 실시간으로 볼 수 있고, 용량이 큰 파일도 순식간에 내려받을 수 있게 되었어요. 전화나 문자뿐만 아니라 애플리케이션을 사용해 다양한 작업도 가능해졌지요. 5G에 와서는 영화 한 편을 10초 안에 내려받을 수 있을 정도로 엄청난 속도를 자랑해요.

　이런 속도의 변화는 산업에도 큰 영향을 미쳤어요. 멀리 떨어진 로봇을 실시간으로 조작할 수 있고, 자율주행 자동차를 성능 좋은 인공지능에 연결할 수도 있게 되었어요. 앞으로 6G가 등장한다면 단순히 속도가 빨라지는 것뿐만 아니라 깊은 바닷속이나 지구 궤도를 도는 인공위성과도 통신이 가능해질지도 모른답니다.

세계에서 다섯 번째로 긴 해저터널이 있다고요?

부산시와 경상남도 거제시를 잇는 거가대교에는 세계에서 가장 깊은 도로해저터널인 가덕해저터널이 있어요. 대형 선박이나 해군기지를 오가는 군함이 많이 지나다니는 곳이라, 일부 구간만 바닷속으로 들어가 있지요. 이 해저터널은 어떤 방법으로 만들었을까요?

먼저 땅 위에서 바닷물에 강한 특수 콘크리트로 미리 터널 몸체를 만들어요. 터널 몸체 하나는 길이 180m에 무게는 4만 7,000톤에 달하지요. 이렇게 만들어진 몸체를 바닷속에 차례로 가라앉히며 이어가요. 이런 방법을 '침매터널공법'이라고 해요. 가덕해저터널은 우리나라에서 최초로 침매터널공법을 이용해 완성한 해저터널이에요.

배 타면 멀미 하는데…. 아싸~!

현재 우리나라에서 자동차가 오갈 수 있는 해저터널은 가덕해저터널, 인천북항터널 그리고 보령해저터널이에요. 그중 보령해저터널은 충청남도 보령시 대천항과 원산도를 잇는 세계에서 다섯 번째로 긴 해저터널이에요. 착공한 지 11년 만인 2021년 12월에 개통했지요.

보령해저터널은 다이너마이트와 폭약을 이용해 뚫은 다음 벽면에 콘크리트를 뿌려 강도를 높이는 NATM공법으로 만들어졌어요. 일반 터널이나 지하철을 건설할 때 많이 사용하는 방법으로 인천북항터널이 이 공법으로 건설되었지요.

최근에는 이런 해저가 아닌 바닷속에 떠 있는 해중터널에 대한 연구가 활발하게 진행되고 있어요. 해저터널을 만드는 것보다 비용이나 시간이 크게 줄어든다는 장점이 있기 때문이에요. 또 사용 후 제거하거나 재활용도 가능하지요. 두 번째로 긴 해저터널을 보유한 노르웨이 정부가 수심이 깊어 다리나 해저터널을 만들 수 없는 관광 지역에 세계 최초로 해중터널을 건설할 예정이라고 발표했답니다.

070 지진에 강한 건물을 짓는 법이 따로 있다고요?

2016년 9월 12일 오후 8시 경주에서 우리나라 지진 관측이 시작된 이래 최대 규모인 진도 5.8의 지진이 일어났어요. 통신에 장애가 일어나고 지붕이나 담이 무너지고, 차량이 파손되는 등 피해가 엄청났어요. 건물에 금이 가고 수도관이 파열되기도 했지요. 이후 우리나라도 지진으로부터 안심할 수 없다는 목소리가 높아졌어요.

이처럼 지진에 대한 불안감이 커지면서 정부는 내진설계의 기준을 더욱 강화했어요. 내진설계는 크게 세 가지로 나뉘어요. 먼저 건물이 지진에 버틸 수 있도록 만드는 방법이에요. 보통 건물을 지을 때 강도를 높이려면 철근을 촘촘하게 넣지만 지진이 일어나면 건물 내부가 손상될 위험이 커요.

최근 내진설계 기술이 발전하면서 진동을 흡수하거나 건물의 흔들림을 방지하는 방식이 사용되고 있어요. 진동을 흡수하는 방식은 벽 중간에 충격을 흡수하는 '댐퍼'라는 장치를 집어넣는 거예요. 댐퍼는 주로 스프링이나 실리콘 등 유연하고 탄성이 좋은 재료로 만들어요. 높은 고층 건물의 경우는 내부에 아주 무거운 추를 설치하기도 해요. 대만의 타이베이 101빌딩 내부에는 지름 6m, 무게 660톤에 달하는 추가 있어요. 이 추는 지진이 일어났을 때 지진의 힘과 반대 방향으로 움직이면서 건물이 흔들리지 않게 막아 주지요.

  건물의 흔들림을 줄이는 방식은 건물의 바닥에 고무로 만든 두꺼운 구조물을 깔아서 건물을 땅으로부터 분리키는 거예요. 지진이 나면 고무가 모양이 변하면서 흔들림을 흡수해요. 실제로 이 방법을 이용해 만들어진 일본의 11층 건물은 진도 7.3의 지진에도 피해가 거의 없었답니다. 진도 7이면 집과 도로가 파손되고 땅이 갈라지는 아주 큰 지진인데도 말이에요.

  지진은 언제 올지 아무도 예측할 수 없어요. 더 강한 지진이 오더라도 사람과 재산을 보호할 수 있는 내진 설계 기술로 피해를 최대한 줄일 수 있었으면 좋겠어요.

071
바다 위에 새로운 나라가 만들어진다고요?

　네덜란드는 땅의 대부분이 해수면보다 낮아요. 그래서 옛날부터 간척 사업을 통해 땅을 넓혀 왔어요. 간척이란 바다나 갯벌, 호수 등을 메워 토지를 만드는 일이에요. 네덜란드의 플레볼란트주는 세계 최대의 인공섬이에요. 수심이 낮은 만이었던 곳을 1916년부터 간척사업을 시작해 육지가 된 곳이에요. 현재는 여러 생활공간과 거대한 농경지 등이 들어서면서 완벽한 육지 역할을 하고 있지요.

　인공섬은 다른 나라에서도 찾아볼 수 있어요. 아랍에미리트의 대표 도시 두바이는 바다 위에 멋진 인공섬을 만들어 휴양지로 활용하고 있어요. 또 일본의 간사이국제공항과 홍콩의 홍콩국제공항도 인공섬 위에 지어졌어요.

　인공섬은 농경지와 생활공간을 확장해 주기도 하고, 아름다운 휴양지를 만들어 주기도 해요. 하지만 기존의 갯벌이나 바다에 모래를 쏟아부어 땅을 넓히는 방

식이 생태계를 어지럽히고 환경 파괴를 불러일으키기도 하지요.

미래의 인공섬은 지금과는 다르게 만들어질 거예요. 벨기에의 건축가 뱅상 칼보는 바다 위에 둥둥 떠 있는 친환경 부양 섬을 구상했어요. 이 섬은 바다를 떠다니며 쓰레기와 이산화탄소를 이용해 산소를 만들어 내고, 해류나 바람, 태양에너지를 사용해 전기를 공급할 거라고 해요. 국제연합에서는 해상도시 '오셔닉스 시티'를 구상 중이에요. 육각형의 인공섬을 기본 단위로 해서 교육, 운동, 쇼핑 등 여러 시설을 갖춘 섬을 결합해 소도시를 만들 수 있어요.

이런 해양 부양 섬을 만들면 더는 육지에 도시를 짓기 위해 자연을 파괴하지 않아도 되고, 지구온난화로 인해 해수면이 높아져도 섬이 잠길 걱정이 없어요. 조만간 뉴욕에 있는 이스트강에 크기를 줄인 오셔닉스 시티를 시험 삼아 띄울 예정이랍니다.

사흘 만에 주택을 지을 수 있을까요?

건물을 짓는 건 생각보다 어렵고 위험한 일이에요. 하지만 최근에는 건물을 설계하고 건축하고 관리하는 일까지 첨단 과학기술의 도움을 받고 있어요. 덕분에 더 안전하고 정확하게 건물을 세울 수 있지요.

건물을 지으려면 먼저 지형, 그러니까 땅이 생긴 모양을 측정해야 해요. 그동안은 사람들이 장비를 들고 직접 측정했지만, 이제는 드론이 공중에서 레이저를 쏘아 공사를 진행할 현장의 규모나 높이, 길이 등을 정확하게 측정해 주어요. 건물을 지을 때도 사물인터넷을 이용해 수많은 건설 기계들을 관리하고, 안전사고가 일어나지 않도록 관리자에게 메시지를 전달하기도 하지요. 또한 중장비의 위치, 작업한 깊이와 넓이 등을 실시간으로 운전자에게 알려 주어 작업의 효율을 높일 수 있지요.

　이제 앞으로는 공사 현장에 사람을 찾아볼 수 없을지도 몰라요. 미국의 로봇 기업 빌트 로보틱스는 자율주행 트랙터를 만들었어요. 작업자는 흙먼지가 날리는 공사장에서 중장비를 운전하는 대신 작업할 장소와 범위를 지정해 주고 작업을 제대로 하는지만 확인하면 되지요. 호주의 건설회사가 개발한 하이드리안X는 벽돌을 쌓는 로봇이에요. 벽돌이 기계에 실리면 놓일 장소를 결정하고, 필요한 경우에 블록을 자를 수도 있어요. 하이드리안X는 실제로 2019년 11월에 자동으로 움직이는 로봇으로는 세계 최초로 주택을 지었어요. 방 3개와 욕실 2개가 딸린 단독주택을 짓는 데 걸린 시간은 불과 3일이었지요.

　로봇이 현장에서 일하고, 사람은 그 로봇을 제어한다면 좀 더 빠르고 안전한 방법으로 건물을 지을 수 있게 될 거예요.

　현재 세계의 많은 건설 회사가 드론이나 로봇 등을 현장에 적극적으로 도입하고 있어요. 앞으로 건설 현장에서는 사람을 찾아보기 힘들지도 몰라요.

로프 없이 엘리베이터가 움직인다고요?

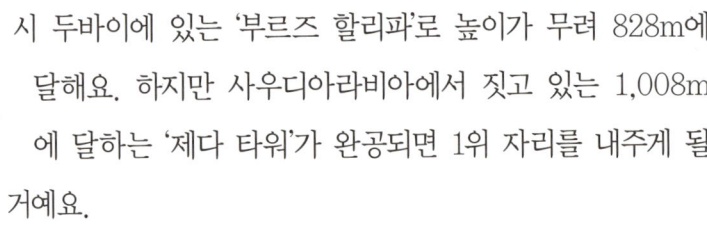

　세계 곳곳에 초고층 빌딩이 들어서고 있어요. 우리나라도 2016년 555m에 달하는 롯데월드타워를 완공했지요. 이는 우리나라에서 가장 높고 세계에서는 다섯 번째로 높은 빌딩이에요. 현재 세계에서 가장 높은 빌딩은 아랍에미리트의 도시 두바이에 있는 '부르즈 할리파'로 높이가 무려 828m에 달해요. 하지만 사우디아라비아에서 짓고 있는 1,008m에 달하는 '제다 타워'가 완공되면 1위 자리를 내주게 될 거예요.

　고층 건물을 지을 수 있게 된 데에는 두 가지 계기가 있어요. 하나는 건물에 철을 사용하게 된 것이고, 또 하나는 엘리베이터의 발명이에요. 특히 엘리베이터는 고층 빌딩에 필수적이에요. 낮은 건물에서는 편리한 운송수단일지 몰라도, 고층 빌딩에서는 없어서는 안 될 운송수단이거든요.

　건물이 높아질수록 엘리베이터의 속도는 무척 중요해져요. 맨

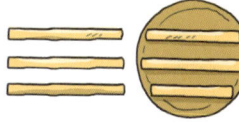

꼭대기 층까지 가는 데 수십 분이 걸린다면 아무도 높은 곳에 살려 하지 않을 거예요. 현재 세계에서 가장 빠른 엘리베이터는 중국의 광저우 국제금융센터에 있어요. 최대 속도는 1분당 1,260m로, 1층부터 95층까지 43초 만에 올라갈 수 있지요.

그런데 건물이 지금보다도 더 높아지면 엘리베이터가 속도를 내기 힘들어요. 현재 대부분의 엘리베이터는 금속으로 된 로프를 끌어올리는 방식이어서 건물이 높아질수록 로프가 무거워져 빨리 감아올리는 것이 어렵기 때문이에요. 건물 높이가 1km가 넘으면 로프 무게만 30톤 가까이 되지요.

이에 독일의 철강회사 티센크루프가 새로운 개념의 엘리베이터를 제안했어요. 로프 대신 자기부상 기술을 활용하는 것으로 위아래뿐만 아니라 좌우로도 움직일 수 있게 만든다는 거예요. '멀티'라는 이름의 이 엘리베이터 시스템은 가볍고 빠르게, 그리고 다양한 방향으로 움직일 수 있지요. 이 방식이 상용화된다면 미래에는 지금보다 훨씬 다양한 건축물들이 등장할 거예요.

전 세계 동시에 같은 콘서트를 열 수 있다고요?

**100개 나라에서 동시에 개최하는 홀로그램 콘서트!
화려하고 생생한 현장을 느껴 보세요!**

최근 홀로그램 콘서트가 심심치 않게 열리고 있어요. K-POP뿐만 아니라 이미 세상을 떠난 인기 가수들도 홀로그램을 통해 전 세계 팬들을 만나고 있지요.

홀로그램이란 2개의 레이저광이 만나 일으키는 빛의 간섭 효과를 이용해 만든 3차원 입체영상을 사진으로 기록한 거예요. 정지된 형상만 기록되어 있어 아날로그 홀로그램이라고도 불리지요. 움직임에 따라 보이는 무늬가 다르기 때문에 복사하면 새까맣게 나타나요. 따라서 위조와

복제가 어려워 지폐나 신용카드, 자동차 번호판 등에 사용되고 있어요.

반면 디지털 홀로그램은 3차원 입체영상을 재생하는 기술이에요. 허공에 입체 스크린을 띄워 작업하거나 사람들과 가상공간에서 이야기를 나누는 등 SF 영화에 나오는 홀로그램 대부분이 여기에 해당해요. 하지만 현실적으로 디지털 홀로그램은 기술이 부족해 아직 실현되지 않았어요.

콘서트에 사용되는 홀로그램은 미리 촬영한 영상을 반사판에 쏘고, 반사된 영상을 투명한 막에 비추어 마치 허공에 영상이 나타나는 것처럼 만드는 거예요. 스크린을 사용한 홀로그램이기 때문에 완벽하다고 말하기는 어려워요. 그래서 유사 홀로그램이라고 부르기도 하지요.

그렇다면 움직이는 홀로그램은 언제쯤 만날 수 있을까요? 영국 서섹스대학교 연구진은 레이저가 아닌 소리를 이용해 손 모양과 소용돌이 모양, 새장 모양의 3가지 홀로그램을 만들어 냈어요. 아직은 실험 단계이지만 만약 디지털 홀로그램이 실용화된다면 멀리 떨어진 가족이나 친구와 가까이 있는 것처럼 보고, 듣고, 느끼며 대화할 수 있게 될 거예요.

075
빅데이터가 도시에서 발생한 문제를 해결해 준다고요?

점점 더 많은 사람이 컴퓨터와 스마트폰을 사용하면서 데이터가 엄청나게 증가하고 있어요. 과거에는 가게에서 물건을 사면 어떤 물건인지만 기록이 남았지만, 온라인 쇼핑이 흔해진 요즘은 무엇을 샀는지는 물론이고 방문자가 검색한 기록까지 모두 데이터로 저장되어요.

데이터는 그 형태가 정해져 있는지 아닌지, 또 연산이 가능한지 불가능한지에 따라 '정형 데이터'와 '비정형 데이터'로 구분해요.

정형 데이터는 틀이 잡힌 정리된 데이터로 손쉽게 저장하고 관리할 수 있어요. 기업 대부분이 다루고 보관하고 있는 데이터지요. 반면 비정형 데이터는 틀이 잡혀 있지 않은 데이터예요. 이메일, 문서, 이미지, 음성, 영상, SNS나 댓글 등이 모두 비정형데이터예요. 전문가들은 데이터의 90% 이상이 비정형 데이터라고 말해요.

이처럼 기존의 데이터베이스로는 저장이나 분석이

어려울 만큼 방대하고 다양한 데이터를 빅데이터라고 해요. 이런 빅데이터가 미래의 중요한 자원으로 활용될 수 있다며 관심을 받게 된 거예요. 그래서 빅데이터를 다루고 분석하는 기술이 중요해졌답니다. 분석하지 않은 데이터는 의미가 없기 때문이에요. 많은 기업이 미래 경쟁력을 갖추기 위해 데이터를 분석해요. 특히 분석 기술이 발달하면서 활용할 수 있는 빅데이터의 범위가 넓어진 거예요.

　데이터를 제대로 수집하고 분석하면 어떤 물건이 어느 정도 잘 팔릴 것인지 예상할 수 있어요. 예를 들어 카드 회사는 고객의 구매 품목, 시점, 위치 등을 파악해 맞춤형 할인 혜택을 줄 수 있지요. 기업뿐만 아니라 선거에도 적극적으로 활용되어 SNS 빅데이터 분석을 통해 선거 결과를 예측하기도 하지요. 또 교통량을 예측해 교통체증을 줄이는 데 이용하는 등 사회 전반에서 활용되고 있답니다.

076
스마트폰에 숨겨진 범죄 단서를 찾아낸다고요?

 범죄 현장에서 가장 중요한 일은 지문, 머리카락, 혈흔, 관련 서류 등의 증거물을 찾는 거예요. 과거에는 수사관들이 많은 양의 증거물을 가져와서 일일이 조사했어요. 그러다 스마트폰, 태블릿 PC 등을 사용하는 인구수가 전 세계적으로 늘어나면서, 이러한 디지털 기기가 새로운 강력한 단서가 되고 있어요.

 디지털 기기에서 범죄의 결과, 원인, 과정을 밝혀내는 기술을 '디지털포렌식'이라고 해요. '포렌식'이란 범죄를 밝혀내기 위해 사용하는 과학적 방법을 뜻해요. 대표적으로 범죄 현장에서 찾은 지문이나 DNA를 분석해 용의자를 찾아내거나 시신을 해부해서 검사하는 부검을 통해 사망 원인을 밝혀내기도 해요.

 범죄자가 컴퓨터나 휴대전화의 자료를 모두 지운다면 어떻게 할까요? 디지털 기기에 있던 증거들은

삭제한다고 해도 디지털포렌식으로 복원해 낼 수 있어요. 물론 디지털포렌식이 간단하거나 단순한 기술은 아니에요. 다양한 수사 경험을 해 본 숙련가가 법에 위배되지 않는 방식으로 나라에서 인정한 전문 프로그램을 사용해 분석해야 하거든요. 또한 디지털 증거가 위조되거나 변조되지 않았다는 것을 증명하기 위해 컴퓨터 암호화 기술도 사용해야 해요. 분석한 증거들이 법정에서 받아들여지지 않는다면 아무 소용이 없으니까요.

  우리나라는 정보통신 기술이 전국에 잘 갖추어져 있고, 사람들이 사용하는 빈도가 높아 디지털포렌식 수사는 큰 효과를 발휘하고 있어요. 그래서 디지털포렌식으로 증거를 분석하는 사건 수가 매년 가파르게 증가하고 있지요. 현대 사회에서 범죄 증거를 치밀하게 감추려는 범인과 이를 밝혀내려는 전문가들의 두뇌 싸움에 새로운 기술력으로 등장한 디지털포렌식의 활약이 기대되고 있답니다.

077
실험실에서 키운 고기 맛은 어떨까요?

20년 전, 우리가 사는 세계는 '60억 지구촌'이라고 불렸어요. 그랬던 세계 인구가 지금은 70억을 훌쩍 넘었고, 30년 뒤에는 100억을 돌파할지도 모른다고 해요. 인구가 급증하면서 그동안 풍요롭다고 생각했던 식량 문제가 다시 나타나고 있어요. 특히 인구가 증가하면서 육류 소비량이 급속도로 증가했지만 가축의 수요는 이를 따라가지 못하고 있어요. 이러다가는 앞으로 더는 고기를 먹지 못하게 될지도 모른다고 해요.

과학자들은 이를 해결하기 위해 실험실에서 '배양육' 만드는 방법을 연구하고 있어요. 배양육이란 가축

을 사육하는 과정 없이 고기를 만들어 내는 기술이에요. 개발 초기였던 2013년에는 햄버거 패티 1개를 만드는 데 약 4억 원이라는 어마어마한 돈이 들었어요. 하지만 현재는 기술이 발달해 100g에 약 1만 원 수준으로 비용이 크게 줄어들었지요.

배양육은 먼저 소나 닭 등의 근육에서 줄기세포를 채취한 후 배양액에 넣어 키워요. 배양액은 동식물의 조직을 인공적으로 키우기 위해 필요한 영양소가 들어 있어요. 그다음 37℃의 인큐베이터에 넣어 두면 몇 주 만에 두께 1mm, 길이 2.5cm의 베이컨과 비슷하게 생긴 근육 섬유로 성장하지요.

배양육은 가축을 기르는 데 필요한 공간과 물, 식량을 줄일 수 있어 식량 문제뿐만 아니라 환경 문제도 해결할 수 있어요. 또한 사육 과정이 단순하고 깨끗하며 각종 전염병에도 안전해요. 하지만 실용화되기에는 아직 고기 가격이 비싸고 대부분 단백질로 이루어져 식감이나 맛이 떨어진다는 단점이 있어요.

2020년 세계 최초로 싱가포르가 배양 닭고기의 판매를 승인했어요. 하지만 인구 증가로 나타난 식량 부족 문제를 해결할 수 있을지는 아직 두고 볼 일이에요.

078
가짜 현실을 만들어 내는 기술이 있다고요?

조그만 캡슐 의자에 헤드셋을 쓰고 앉으니 갑자기 눈앞에 롤러코스터 레일이 나타났어요. 의자가 덜덜 흔들리더니 롤러코스터가 꼭대기로 올라가요. 아래를 내려다보니 다른 놀이 기구들이 보이고 위를 보니 하늘이 맑아요. 그런데 헤드셋을 벗으면 순간 이동을 한 것처럼 현실로 돌아와 있어요.

컴퓨터를 통해 가상의 세계에서 실제와 같은 체험을 할 수 있는 기술을 가상현실(VR)이라고 해요. 가상현실은 1930년대 군사 훈련용으로 처음 개발된 뒤, 게임, 교육, 의료 실습 등 다양한 분야에서 두루 쓰이고 있답니다. 가상현실을 체험하기 위해서는 현실 세계와 완전히 차단되어야 하기 때문에 특수하게 제작된 헤드셋인 HMD를 써야 해요.

현실의 공간에 가상의 물체를 실시간으로 겹쳐 보여주는 경우도 있

어요. 이를 확장된 현실이라는 뜻의 증강현실(AR)이라고 해요. 단 스마트폰이나 태블릿PC의 사진 촬영 모드를 통해서 봐야 해요. 최근에는 증강현실을 적용한 책들도 많이 나와 있어요. 특정 페이지를 디지털 기기의 카메라로 인식하면 행성이 둥둥 떠다니는 것으로 보이기도 하고 공룡이 살아 움직이기도 하지요.

 가상현실과 증강현실은 한 단계 더 나아가, 두 세계를 합친 공간인 혼합현실(MR)로 나아가고 있어요. 혼합현실은 가상현실의 헤드셋, 증강현실의 스마트 기기가 없어도 실제 상황을 보는 것처럼 영상을 볼 수 있고, 상호작용이 가능하다는 것이 특징이에요. 혼합현실 기술이 실용화된다면, 실제로 경험하는 것처럼 가상세계를 체험할 수 있어요. 공룡이 사는 시대 안으로 들어가거나 화성을 직접 걸어 다니며 관찰할 수도 있어요.

 촉감까지 느끼게 하는 기술이 발달한다면 멀리 떨어진 친구와 손을 잡을 때 진짜 같은 느낌이 드는 것도 가능해질 거예요.

079
암호화폐가 진짜 화폐가 될 수 있을까요?

지금까지 금융 거래에 관한 개인 정보는 다른 사람이 보지 못하게 하는 것이 최선이었어요. 하지만 그런 생각을 뒤집은 새로운 금융 거래가 등장했어요. 숨기는 것이 아니라 여러 사람과 공유하고 분산시키는 것이 더 안전하다는 생각이지요.

지폐나 동전과 같은 실제 모습 없이 온라인에서만 거래되는 화폐를 '암호화폐'라고 해요. 암호화폐는 정부에서 발행하는 것이 아니기 때문에, 은행을 통하지 않고도 개인과 개인이 직접 거래를 할 수 있어요. 암호화폐의 가치는 처음 만든 사람이 정한 규칙에 따라 정해져요.

암호화폐 중 가장 유명한 것은 비트코인이에요. 비트코인은 컴퓨터에서 정보의 기본 단위인 비트(bit)와 동전(coin)을 합친 말이에요.

띵동, 결제 완료!

형태가 없는 돈을 온라인에서 주고받는다면 해킹 피해는 없을까요? 비트코인은 '블록체인'이라는 기술로 해킹을 막아요. 은행은 중앙 서버에 거래 기록을 보관하지만 블록체인은 모든 사람이 거래 기록을 공유해요. 거래가 일어날 때마다 각 사람의 승인을 받아야 해서, 거래 내역을 해킹해 조작하는 것이 거의 불가능해요.

이제 암호화폐는 실제 돈처럼 사용되고 있어요. 암호화폐로 결제할 수 있는 곳이 점차 늘어나고 있고, 우리나라의 일부 온라인 쇼핑몰은 암호화폐로 물건을 살 수 있도록 하겠다고 발표했어요.

하지만 암호화폐가 기존의 화폐를 대신할 수 있을지에 대해서는 아직 논란이 많아요. 우선 암호화폐의 가격이 1초 간격으로 변하는 데다가 거래 속도도 느려요. 암호화폐 자체는 해킹이 어려워도, 암호화폐를 거래하는 거래소는 해킹으로부터 안전하지 않아요. 암호화폐가 널리 쓰이려면 아직 시간이 좀 더 필요할지도 몰라요. 하지만 초기에 암호화폐에 사용되었던 블록체인 기술은 보안성이 매우 뛰어나 이제는 실제 은행에서도 활용해 증명서나 문서 위조를 방지하는 데 사용하고 있답니다.

미래의 자동차는 어떤 연료를 쓸까요?

"어, 저 차는 왜 번호판이 파란색이죠?"

도로를 쌩쌩 달리는 자동차는 대부분 하얀색 자동차 번호판을 달고 있는데, 이와 달리 파란색 자동차 번호판을 단 차를 볼 때가 있어요. 원래 자동차 번호판의 색은 하얀색이고 택시처럼 영업용 자동차는 노란색이에요. 그리고 파란색 번호판은 친환경 자동차만 달 수 있어요.

자동차는 매우 편리한 교통수단이지만 환경오염을 일으켜요. 실제로 대기오염 물질의 반 이상이 자동차에서 나온다고 하지요. 일반적인 자동차는 화학연료인 기름을 태워 얻는 에너지를 이용해 움직이다 보니 이 과정에서 매연을 내뿜지요. 환경오염이 전 세계적인 문제로 떠오르면서 사람들은 매연을 내뿜지 않는 친환경 자동차에 관심을 가지기 시작했어요.

현재 친환경 자동차는 전기 자동차와 수소 자동차가 서로 경쟁하며 활발하게 개발되고 있어요. 둘 다 전기를 이용해 자동차

를 움직이지만, 전기를 직접 얻느냐 아니면 수소를 통해 얻느냐에 따라 달라지지요.

 전기 자동차는 배터리에서 전기에너지를 만들어 사용하지만 배터리 용량이 무겁고, 충전 시간이 오래 걸리는 탓에 널리 쓰이지 못했어요. 그러다 최근 배터리 성능이 좋아지면서 전기 자동차를 구매하려는 사람들이 늘어나기 시작했어요. 수소 자동차는 수소연료전지를 사용해요. 이 수소연료전지는 수소와 산소가 만나 물을 만드는 반응으로 전기를 만들어 내서 자동차를 움직인답니다. 그래서 자동차 밖으로 배출되는 것이 물뿐이에요. 수소 자동차는 전기 자동차보다 충전 시간이 짧고 더 먼 거리를 갈 수 있다는 장점은 있지만, 수소를 만들어 운반하고 저장하기가 쉽지 않아 충전소가 턱없이 부족해요. 하지만 여러 기술 문제를 해결할 수 있다면 도심의 공기가 지금보다는 훨씬 깨끗하고 상쾌해지지 않을까요?

081
석유가 나는 곳에 친환경 도시가 있다고요?

지구가 점점 뜨거워지고 있어요. 약 14°C였던 지구의 평균기온은 인간이 석탄과 석유를 사용하기 시작하면서 100년 만에 1°C가 올랐어요. 겨우 1°C 올랐는데 무슨 큰일이라도 나겠느냐고요? 방 온도가 1°C 오르는 것은 사소해 보이지만 지구 차원에서 보면 심각한 문제예요. 1°C만 올라도 북극의 얼음이 급속도로 녹기 시작하고, 동물들의 서식지가 파괴되며, 가뭄이나 산불, 홍수 등 이상 기후가 속출하기 때문이에요.

왜 자꾸 지구 기온이 올라가는 걸까요? 사람들은 그 원인 중 하나로 이산화탄소를 주목하고 있어요. 이산화탄소는 온실가스 중 하나예요. 온실가스는 지구 대기에서 아주 적은 부분을 차지하지만, 지구를 따뜻하게 유지하는 중요한 역할을 해요. 하지만 필요 이상으로 많아지면 지구 기온이 올라가지요. 우리는 전기를 만드는 화력발전소, 도로를 오가는 자동차 등 생활의 편리함을 얻는 대가로 이산화탄소를 공기 중으로 너무 많이 내보내고 있어요. 이제야 심각성을 깨달은 세계 각국에서 이산화탄소를 줄이려고 노력하고 있답니다.

흥미롭게도 대표적인 석유 수출국 아랍에미리트에서는 세계 최초로 탄소 제로 도시인 마스다르시티를 짓고 있어요. 탄소 제로란 이산화탄소의 배출량을 줄여 결국에는 0으로 만든다는 거예요. 이곳에서는 사막 국가의 무더운 날씨를 극복하기 위해 건물의 윗부분은 넓게 만들어 빛이 덜 들어오게 하고 건물과 건물 사이의 간격을 좁혀서 바람이 빠르게 불도록 했어요. 또한 매연을 내뿜는 자동차 대신 무인궤도차를 이용하고, 태양, 바람, 쓰레기 등을 활용해 필요한 전기를 생산해 내고 있어요.

이처럼 탄소 제로를 목표로 삼는 도시는 서울을 비롯해서 세계적으로 점점 늘어나고 있어요. 이산화탄소를 줄이는 것에서 더 나아가 0으로 만들겠다는 적극적인 노력이 꼭 결실을 맞아 지구의 열을 식혀 주면 좋겠어요.

082
건물이 스스로 에너지를 만들 수 있을까요?

우리는 하루 대부분을 건물 안에서 보내요. 집에서 가족과 시간을 보내고, 학교에 가서 배우고, 도서관에 가서 책을 읽고, 병원에 가서 치료를 받지요. 그런데 이런 건물을 유지하려면 엄청나게 많은 에너지가 필요해요. 계절에 따라 냉방이나 난방을 해야 하고, 조명도 켜야 하지요. 또 건물 안에서 사용하는 각종 기계에도 온종일 전기를 공급해 주어야 해요. 이러한 에너지는 대부분 화석 연료에서 나오기 때문에 환경 문제를 일으켜요. 그렇다고 건물을 사용하지 않을 수도 없고, 어디 뾰족한 수가 없을까요?

필요한 에너지를 스스로 만들어 내는 건물이 있어요. 바로 '제로에너지 빌딩'이에요. 열

을 차단하는 성능을 높여 바깥으로 새어 나가는 에너지양을 줄이고, 대신에 태양열이나 지열, 연료전지 등 대체에너지를 활용해 에너지를 생산해요. 덕분에 환경오염물질을 만들어 내지 않고 발전소에서부터 먼 거리를 이동하는 동안 에너지가 손실되는 일도 없어요.

  현재 전 세계가 제로에너지빌딩에 관심을 가지고 효율을 높이는 연구를 활발하게 진행하고 있어요. 특히 미국과 유럽연합은 앞으로 짓는 모든 빌딩을 에너지 제로로 만들겠다는 목표를 세웠어요. 우리나라도 2020년부터 일정 면적 이상의 공공건축물을 건설할 때는 제로에너지빌딩으로 지어야 해요.

  하지만 제로에너지빌딩 건축에는 아직 현실적인 어려움이 많아서 민간으로까지 퍼지지는 못하고 있어요. 우선 비용이 많이 드는 데다가 건물에 설치된 각각의 기계가 사용하는 에너지를 체계적으로 관리하는 기술이 부족하기 때문이에요.

  건물은 한번 지으면 최소한 30년 이상 유지되기 때문에 시작이 아주 중요해요. 필요한 기술들을 잘 갖추어 도시를 채워 나간다면, 제로에너지빌딩은 훌륭한 환경 지킴이 역할을 하게 될 거예요.

083
짓는 기술보다 허무는 기술이 더 어렵다고요?

2017년 우리나라 최초의 원자력 발전소인 고리 1호기가 영구 정지가 되었어요. 그리고 2032년까지는 해체를 완료할 계획이지요. 그런데 해체 비용이 8,100억 원이나 든다고 해요. 발전소 하나를 허무는 데 왜 이렇게 많은 시간과 비용이 드는 걸까요?

그건 바로 방사성폐기물 때문이에요. 원자력 발전소, 즉 원전은 원자핵이 분열할 때 발생하는 열에너지로 전기를 만들어 내는데, 이때 방사성을 띤 물질이 만들어져요. 이 물질은 아주 위험해서 인체에 치명적인 영향을 끼쳐요. 그래서 원전을 해체하려면 특별한 기술이 필요해요.

방사성물질에 오염된 부위를 골라서 떼어 내는 기술을 '제염'이라고 해요. 건물 표면을 특별한 물질로 코팅한 후에 직접 벗겨 내거나 표면을 깎는 방식으로 진행하지요. 제염을 잘할수록 방사성폐기물 양은 줄어들어요. 하지만 원전의 중심부인 원자로는 아무리

　제염을 해도 방사능이 없어지지 않아 잘라서 버려야 하는데, 이 과정에서 방사성물질에 노출될 수 있어요. 그래서 원자로는 사람이 조종실에서 로봇을 움직여 하나하나 절단해야 해요. 그렇게 잘라 낸 조각은 바로 드럼통에 넣어서 방사성폐기물 처리장으로 보내요. 로봇을 정확하게 움직이는 일이 쉽지 않은데다 제염 후에는 폐기물을 용광로에 녹여서 마지막 남은 방사성물질까지 제거해야 해요. 또 오염된 토양은 깨끗이 되돌려야 하는 등 수준 높은 기술이 필요한 까다로운 작업이에요.

　원전 해체 기술을 가진 나라는 아직 많지 않아요. 특히 우리나라는 경험이 없고 기술도 부족해요. 현재 우리나라에 있는 원전은 총 24기이고, 2030년까지 10기가 멈출 계획이라고 해요. 급한 마음에 원전 해체를 서둘러 진행한다면 자칫 큰 사고로 이어질 수 있어요. 원전이 시작부터 끝까지 제 역할을 안전하게 담당할 수 있도록 꼼꼼하고 철저한 관리가 필요하답니다.

084
지구상에 인공태양을 만들 수 있을까요?

지구에 사는 모든 생물은 태양으로부터 에너지를 받아 살아가요. 태양이 사라진다면 지구는 순식간에 죽음으로 뒤덮일 거예요. 태양은 약 1억 5천만km나 떨어져 있는 지구뿐만 아니라 태양계에 엄청난 영향을 미치지요.

태양이 내뿜는 어마어마한 빛과 열의 무한하고 거대한 에너지는 내부에서 일어나는 핵융합 덕분이에요. 핵융합은 가벼운 원자가 서로 결합하여 무거운 원자로 변하는 반응이에요. 태양 내부에서는 4개의 수소 원자가 합쳐져 1개의 헬륨 원자가 되면서 엄청난 에너지를 뿜어내요. 과학자들은 이 핵융합 에너지를 지구에서도 만들어 내고 싶어 하지요.

핵융합은 아주 적은 연료만으로도 아주 큰 에너지를 발생시킬 수 있어요. 더구나 연료가 되는 수소가 지구에 아주 풍부하고, 핵분열 에너지를 사용하는 현재의 원자력 발전소처럼 사고가 발

생해도 위험이 적고 유해물질을 거의 내놓지 않아요. 정말로 핵융합 에너지를 만들어 사용할 수 있다면 얼마나 좋을까요?

하지만 핵융합이 일어나는 조건은 까다로워요. 특히 아주 높은 온도나 압력이 필요하지요. 태양에서 핵융합이 일어나는 이유는 태양의 내부가 플라스마 상태이기 때문이에요. 지구에서는 약 1억℃ 이상의 매우 높은 온도를 감당할 수 있는 특별한 핵융합 장치를 사용해요. 이 장치는 태양이 빛과 열을 내는 원리와 같아 '인공태양'이라 부르기도 하지요.

우리나라는 핵융합 연구에 뛰어난 성과를 내고 있는데, 핵융합연구장치인 KSTAR는 세계 최초로 1억℃ 수준의 플라스마를 30초 이상 유지하는 데 성공하기도 했어요. 또 우리나라를 포함한 7개국이 힘을 모아 2007년부터 국제핵융합실험로를 건설했는데, 2020년부터 그 조립이 시작되었답니다. 깨끗하고 안전하고 강력한 꿈의 에너지를 만드는 데 우리나라가 큰 역할을 맡고 있다니 정말 자랑스럽지 않나요?

버려지는 에너지를 모아 전기로 만들 수 있다고요?

빈 생수통, 물건을 담은 비닐, 빈 음료 캔, 택배 상자

모두 한 번씩 사용한 것들이지만 그냥 버리지 않고 분리수거를 하는 것들이에요. 재활용하면 자원도 아끼고 환경도 살릴 수 있기 때문이에요. 우리 눈에 보이지 않는 에너지도 마찬가지예요. 주변을 둘러보면 버려지는 에너지가 아주 많아요. 자동차나 기차가 움직일 때 발생하는 진동, 공장 기계가 돌아가면서 나오는 열, 방송국에서 나오는 전자파 등을 다시 사용할 수는 없을까요?

'에너지 하베스팅'은 에너지를 수집해 전기로 바꿔 쓰는 기술이에요. 하베스팅은 영어로 수확이라는 뜻이에요. 원래 에너지 하베스팅은 태양 에너지처럼 이전에 우리가 활용하지 못했던 자연 에너지를 가리켰는데, 지금은 그 의미가 넓어져 우리 주변에서 버려지고 낭비되는 모든 에너지를 전기 에너지로 바꾸는 것을 의미해요.

예를 들어 발전소에서 석유를 태워 발전기를 돌릴 때 실제로

사용되는 에너지는 절반에 불과하다고 해요. 나머지는 열 형태로 버려지지요. 이런 열을 모아 지역난방에 사용할 수 있어요. 또 쓰레기 소각장에서 쓰레기를 태울 때 발생하는 열로 주택에 따뜻한 물을 공급할 수도 있지요. 실생활에서도 다양하게 에너지를 모을 수 있어요. 태양 전지 앞면으로는 태양빛을, 뒷면으로는 실내조명을 흡수해 양면에서 전기를 만들거나 스마트폰에서 사용하고 남은 전파를 수집해 전기 에너지로 바꾸어 배터리를 충전하는 등 에너지 하베스팅 기술은 다양한 장치로 활발히 개발되고 있어요.

하지만 에너지 하베스팅은 환경에 따라 전기 생산량이 들쭉날쭉하다는 것이 큰 단점이에요. 흐리거나 비가 오면 힘을 쓰지 못하는 태양전지처럼요. 하지만 버려지는 에너지만 잘 모아도 전자기기의 효율을 높이고, 에너지 낭비를 줄일 수 있는 장점만으로도 앞으로 꼭 필요한 기술일 거예요.

086
에너지를 아끼는 데도 기술이 필요하다고요?

2017년 8월, 대만에서 대규모 정전이 발생했어요. 당시 대만의 날씨가 36℃에 이르는 무더운 여름날이라 그 피해가 더 컸지요. 대정전이 발생하면 해당 지역은 혼란에 빠져요. 암흑으로 뒤덮이는 것은 물론이고 신호등도 모조리 꺼져 교통 대란이 일어나요. 수돗물을 공급하던 장치도, 가스도, 주유소의 영업도 중지되지요. 건물과 엘리베이터, 지하철에 사람들이 갇히고 병원의 의료기기들이 작동을 멈춰 환자들이 위험해져요. 이런 막대한 피해가 발생하기 전이 미리 전기 사용량을 효율적으로 관리하고 조절할 수는 없을까요?

지금까지는 전기를 공급하는 발전소에서 만든 전기가 사용자에게 일방적으로 전달되는 방식이었어요. 하지만 앞으로는 정보통신기술을 사용해 공급자와 소비자가 정보를 서로 교환할 수 있게 될 거예요. 이러한 기술을 '스마트그리드'라고 해요. 스마트그리드를 사용하면 전기 사용량을 실시간으로 확인하고 필요한 양도 예측할 수 있어요. 남은 전기는 저장할 수도 있지요.

가정에서는 전기 요금이 가장 저렴한 시간대에 기기를 충전하거나 전기를 저장해 두었다가 필요한 시간에 사용할 수 있어요. 또 언제든지 에너지 사용량을 확인할 수 있기 때문에 사용자가 스스로 에너지를 절약할 수 있도록 하지요.

전 세계 정부와 기업들이 스마트그리드를 실용화하기 위해 노력하고 있어요. 하지만 전기를 공급하고 사용하는 과정에는 많은 기업의 이해관계가 얽혀 있다 보니 짧은 시간에 하나의 새로운 시스템으로 바꾸기가 쉽지 않아요. 또한 네트워크를 사용하는 만큼 보안이 약할 수 있고, 스마트 장비로 대체하는 비용도 많이 들지요. 스마트그리드가 실생활에 널리 적용되려면 아직 많은 시간과 노력이 필요할 거예요. 하지만 실용화된다면 세상을 바꿀 큰 기술될 거예요.

음식물 쓰레기로 에너지를 만든다고요?

"잘 먹었습니다!"

주말에 가족과 함께 식당에서 맛있게 점심을 먹고 자리에서 일어났어요. 그런데 배가 불러 먹지 못한 반찬들이 많이 남았어요. 옆 테이블도 마찬가지였어요. 이 많은 음식 쓰레기는 다 어디로 가는 걸까요?

따로 모은 음식물 쓰레기는 깨끗이 세척하고 탈수한 후에 가축의 사료나 퇴비로 만들어요. 이 과정에서 음식물 폐수가 발생하는데, 일반 하수(사용하고 버려지는 물)보다 오염이 많이 되어 있는 데다가 냄새도 아주 지독해요. 이전에는 이런 음식물 폐수를 바다에 버렸대요. 하지만 해양오염을 막기 위한 국제협약인 런던협약에 따라 우리나라는 2013년부터 음식물 폐수 해양 배출을 금지했어요.

이제 이런 음식물 폐수는 수도권매립지관리 공사에 있는 바이오가스화 시설에서 바이오가스라는 연료를 만드는 데 사용되고 있어요. 처리시설에서는 음식물 폐수를 큰 통 안에 넣고 미생물을 이용해 분해시켜요. 분해가 되면서 메탄, 수소 가스 등이 나오는데, 이것이 바로 바이오가스예요. 이 가스를 전기나 열에너지 형태로 이용하고 남은 찌꺼기는 비료로 사용할 수 있어요.

이처럼 식물, 동물, 미생물 등의 생물체를 연료로 하여 얻어지는 에너지를 '바이오 에너지'라고 해요. 바이오 에너지에는 바이오가스 외에도 사탕수수나 옥수수 등을 이용해 만든 바이오 에탄올, 콩기름 등 식물성 기름으로 만든 바이오 디젤 등이 있어요. 이들은 석탄과 석유 같은 화석 연료를 대체할 자원으로 떠오르고 있지요.

아직 에너지 효율이 떨어지고 비용과 시간이 많이 든다는 문제가 남아 있지만, 단점들이 극복된다면 미래에는 석유 대신 음식물 쓰레기로 달리는 자동차를 볼 수 있게 될지도 몰라요.

088

오염물질이 예술이 될 수 있을까요?

매사추세츠 공과대학교에 다니던 아니루드 샤마는 인도를 여행하던 중 새하얗던 티셔츠가 점점 검게 변하는 것을 발견했어요. 그리고 그 이유가 자동차의 배기가스에서 배출되는 오염물질 때문이라는 것을 깨달았지요. 그는 여기서 아이디어를 얻어 그래비키랩스라는 기업을 세우고 수년간의 연구 끝에, 매연을 모아 만든 에어 잉크를 개발했어요.

에어 잉크를 만드는 방법은 간단해요. 먼저 자동차 배기관에 특수하게 제작한 수집통인 칼링크를 부착해서 매연을 수집해요. 자동차뿐만 아니라 매연이 나오는 모든 곳에 부착할 수 있어요. 수집된 매연 안에 있는 중금속과 발암물질 등 유해물질을 제거한 후에 남은 탄소를 모아요. 이 탄소를 이용해 다양한 종류의 잉크와 페인트를 만들어 내는 것이랍니다.

　그래비키랩스는 시험적으로 인도에서 매연을 빨아들여 1,000L에 가까운 잉크를 만들었어요. 에어잉크는 신발을 디자인하거나 그림을 그릴 때 사용되는 등 현재 다양한 예술 활동에 쓰이고 있어요.

　매연뿐만 아니라 미세먼지도 멋진 장신구로 변신하고 있어요. 네덜란드의 디자이너 단 로세하르데는 도시의 공기를 정화하는 거대한 공기 청정기 타워를 개발해 중국과 폴란드에 설치했어요. 그리고 이 타워의 청소 기둥에 모인 오염 물질을 이용해 보석을 만들었지요. 오염된 대기의 40%를 차지하는 탄소를 작게 압축하고 밀봉해서 직육면체 모양으로 만들어 반지의 장식으로 붙인 거예요. '스모그 프리 링'이라고 불리는 이 반지 1개에는 1,000㎥의 공기를 정화해서 얻어진 탄소가 담겨 있다고 해요.

　환경을 오염시키는 여러 물질로 사람의 눈을 즐겁게 하는 동시에 경각심도 일깨워 주는 에어잉크와 스모그 프리 링 같은 기발한 예술 작품들이 더 많이 탄생했으면 좋겠어요.

 플라스틱이 아닌 해초 막에 물을 넣어 마신다고요?

42.195km이라는 먼 거리를 체력과 정신력으로 달려온 마라톤 선수에게 박수가 쏟아져요. 인생은 마라톤과 같다는 말처럼, 힘들고 포기하고 싶은 마음을 참고 끝까지 완주해 낸 선수들의 모습은 참 감동적이에요. 하지만 마라톤이 끝난 뒤의 거리는 이런 감동과는 좀 달랐어요.

선수들이 마라톤 구간마다 놓인 패트병에 담긴 물을 들이켠 다음 휙 던져 버리는 모습을 본 적 있을 거예요. 그래서 선수들이 지나간 거리에는 구겨진 패트병이 쌓여요. 실제로 마라톤 대회가 끝나면 10만여 개의 페트병이 버려진다고 해요. 우리 생활에서 플라스틱이 없어서는 안 될 정도로 중요한 재료가 되었지만, 무분별하게 사용하면서 환경에 위협이 되고 있어요. 플라스틱병의 사용을 줄이는 방법이 없을까요?

2019년 개최된 런던 마라톤 결승선 근처 지점에서는 플라스

틱 생수병 대신 '오호'라는 식용 물캡슐이 제공되었어요. 해초에서 추출한 물질로 만들어진 막 안에 물을 넣은 것으로, 입속에 넣으면 막이 터져 물을 마실 수 있어요. 막은 먹을 수도 있고, 버린다고 해도 6주면 분해가 되어요. 하지만 막이 얇아 운반이 쉽지 않고, 손으로 만지고 먹어야 하는 위생 문제도 있어요. 모든 생수병을 대신할 수는 없겠지만 마라톤이나 푸드 트럭 등 일회용 용기가 흔히 쓰이는 곳에서는 활용할 수 있을 거예요.

우리가 매일 사용하는 플라스틱이나 비닐은 자연적으로 분해되지 않거나 분해되는 데 오랜 시간이 걸려요. 이 과정에서 여러 생물에게 유해한 물질을 내놓지요. 하지만 오호처럼 천연 소재로 물건을 만들거나 자연에서 분해가 잘 되는 물질을 첨가해 만들면 인체에도 환경에도 해를 끼치지 않을 수 있어요. 실제로 이런 생분해성 플라스틱이나 비닐이 개발되어 판매되고 있지만 아직은 가격이 비싸고 품질이 떨어져 널리 사용되지는 못하고 있어요. 하지만 무엇보다 노력을 기울여야 할 것은 플라스틱이나 비닐 사용 자체를 줄이는 일일 거예요.

하나로는 너무 양이 적다고!

090

초음파로 모기를 쫓아낼 수 있다고요?

과학기술 덕분에 우리의 생활은 이전보다 편리하고 안전해졌어요. 하지만 세계 모든 사람이 똑같이 혜택을 누리지는 않아요. 과학기술이 충분히 발달해 있고 그와 관련된 문화가 잘 조성된 나라도 있지만, 이런 문명의 편리함을 누리지 못하고 생계의 어려움을 겪으며 살아가는 나라들도 있기 때문이에요. 우리가 누리는 혜택을 다른 나라에도 전해 줄 수 있을까요?

하지만 무턱대고 우리가 사용하는 똑같은 기술을 전해 주는 것은 크게 소용이 없을 뿐만 아니라 사회에 문제를 일으킬 가능성이 커요. 특정 과학기술이 도입될 때에는 그 나라의 문화, 정치, 환경 등을 고려해야 해요. 특히 빈곤한 나라에서는 기본적인 삶의 질을 향상시켜 주는 기술이 먼저 필요해요. 이러한 기술을 적정기술이라고 하지요.

위이이이이잉...

예를 들어 모기로 고생하는 나라를 위해 만들어진 '사운드 스프레이'는 초음파로 모기를 쫓는 기술이에요. 이름은 스프레이지만 실제로 액체를 뿜어내는 건 아니고 특정 진동수를 만들어 내지요. 곤충마다 특유의 날개 진동수가 있는데, 이 스프레이는 모기 천적의 날개 진동수와 같은 진동수를 발생시켜 모기를 쫓아내지요.

물이 부족하고 전기가 부족한 지역을 위해 만든 '아쿠아시스'는 아주 특별한 물통이에요. 낮 동안 바닷물을 담아 놓으면 뚜껑의 태양전지를 이용해 전기를 충전하면서 동시에 바닷물을 담수로 바꾸지요.

아이들이 가지고 노는 축구공으로 전기를 만들어 낼 수도 있어요. 축구와 전구의 합성어인 '싸켓'은 아이들이 축구공처럼 가지고 놀면 내부에서 전기가 생성되어요. 그리고 이를 전구나 휴대전화 등 다양한 전자제품과 연결해 사용할 수 있지요.

이처럼 과학기술은 새로운 세상을 열어 주기도 하지만 기본적인 삶을 지켜주는 데 사용되기도 한답니다.

냄새나니까 뿌리지 마.

바다에 쌓인 쓰레기를 빨아들이는 청소기가 있다고요?

서핑을 즐기던 호주의 앤드류 터튼과 피트 세글린스키 두 청년은 바다 위를 떠다니는 수많은 쓰레기에 충격을 받았어요. 그들은 다니던 직장을 그만두고 해양쓰레기를 청소하는 '씨빈'을 발명했지요. 겉보기에는 평범한 쓰레기통처럼 생겼지만, 통 아래쪽에 관이 연결돼 있어 펌프가 바닷물을 빨아들이면서 인공적인 해류를 만들어요. 통 안으로 빨려 들어온 물은 관을 따라 바다로 다시 나가지만, 쓰레기는 통과하지 못하고 걸러지게 되지요. 한꺼번에 많은 양의 쓰레기를 치울 수는 없지만 연안을 청소하는 데는 효과적이에요.

더 큰 규모의 해양쓰레기를 청소하는 회사도 있어요. 네덜란드의 청년 보얀 슬랫이 세운 오션클린업이에요. 이전에는 거대한 배로 이동하면서 그물로 바다 위에 떠 있는 쓰레기를 수거했는데, 이 배가 내뿜는 연료가 또 다른 환경 문제를 일으키는 데

다 비용도 만만치 않았어요. 오션클린업은 바다 스스로 플라스틱 쓰레기를 수거하는 장치인 '플라스틱 캐처'를 개발했어요. 아래로 3m 길이의 가림막을 붙인 아주 긴 길이의 튜브를 해류의 흐름에 맞추어 U자로 설치해요. 바다 생물체는 3m 밑으로 통과해 영향을 주지 않지만 해류에 밀려온 쓰레기들은 튜브에 걸려요. 그렇게 걸린 쓰레기를 수거하기만 하면 되지요. 그물을 이용하는 것보다 훨씬 간단하고 빠르며 해양생물들에도 피해를 주지 않아요. 현재 해양 오염 때문에 몸살을 앓는 인도네시아와 말레이시아, 베트남 등에 설치해 수십 톤의 해양쓰레기를 수거하고 있다고 해요.

과학기술로 발생한 쓰레기를 다시 과학기술로 수습하는 것은 그동안 편리함에 잊고 살았던 우리의 책임일 거예요.

바닷물을 식수로 바꿀 수 있다고요?

"물탱크 청소로 인해 내일 오전 9시부터 오후 6시까지 물이 나오지 않습니다."

관리사무소 방송을 듣고 엄마가 욕조와 물통에 물을 받기 시작했어요. '하루 정도 물을 쓰지 않는 게 뭔 큰일이라고…'라고 생각했는데, 막상 단수되니 불편한 게 많았어요. 세수나 이를 닦을 때도, 빨래할 때도, 설거지할 때도 너무 당연하게 물이 필요했어요. 오후 6시에 물이 다시 나오자 얼마나 소중한지 깨닫게 되었어요.

물은 우리가 살아가는 데 꼭 필요하지요. 한없이 풍족할 것만 같았는데, 환경오염과 인구 증가 등으로 물이 점점 부족해지고 있어요. 지구는 70% 이상이 바다로 덮여 있지만, 소금기 때문에 생활용수나 공업용수로 바로 쓸 수는 없어요. 이런 상황에서 바닷물을 담수로 만드는 해수 담수화 기술은 새로운 해결책이 될 수 있어요.

바닷물에서 염분을 없애는 가장 간단한 방법은 바닷물을 끓이는 거예요. 그러면 염분은 남고 물은 수증기가 되지요. 이 수증기를 액체로 만들면 담수가 만들어져요. 사막 지역에서는 이 방법을 사용해 마실 물을 얻기도 해요. 하지만 바닷물을 계속 끓여야 해서 에너지와 비용이 많이 들어요.

요즘에는 염분은 통과할 수 없지만 물은 통과하는 특별한 막을 이용해요. 바닷물을 넣고 높은 압력을 가하면 체로 걸러 내는 것처럼 반대쪽으로 물이 이동하지요. 미국과 유럽, 호주뿐만 아니라 우리나라의 섬 지역에서도 이 방법으로 물을 얻고 있어요. 하지만 바닷물에는 염분 외에도 여러 물질이 많은데, 이들이 막의 구멍을 막아 버려 수시로 막을 바꿔 줘야 하는 번거로움도 있어요.

우리나라의 해수 담수화 시설 기술은 무척 뛰어나 중동의 여러 국가에 공장을 설치해 주고 있어요. 해수 담수화 기술은 식수나 물이 부족한 곳에서 인간과 생명을 살리는 아주 놀라운 역할을 하고 있답니다.

093
사막이 되어 버린 땅을 다시 되살릴 수 있을까요?

 오랫동안 비가 내리지 않으면 땅이 메말라 식물이 자라지 않고, 그 피해는 고스란히 사람들에게 돌아오지요. 그래서 옛날에는 나라에서 비가 오기를 기원하는 기우제를 드리기도 했어요. 비를 내리게 하는 것은 사람의 힘으로는 어찌할 수 없는 영역이었어요.

 땅을 살리는 비는 어떻게 생겨나는 걸까요? 비는 구름에서 만들어져요. 구름에 있는 얼음과 물방울이 모이면 빗방울이 되어 떨어져 비가 되지요. 하지만 구름 입자들은 스스로 뭉치지 못하기 때문에 이를 도와주어야 해요. 구름 입자들이 충분히 커질 수 있도록 돕는 먼지, 연기, 소금 입자 등을 구름씨라고 해요.

 이런 구름씨를 인공적으로 만들어 낼 수 있을까요? 구름에 구름씨를 뿌려 비를 내리게 하는 기술을 인공강우라고 해요. 인공강우

비를 내려 주세요.

실험은 비행기를 타고 구름씨 역할을 해주는 화학물질을 구름 속에 뿌려 알갱이들이 서로 뭉칠 수 있게 해요. 그러면 비가 되어 내리지요.

세계기상기구(WMO)에 따르면 한해 29국 이상이 인공강우를 실험하고 있다고 해요. 특히 이 기술에 앞선 중국은 성마다 인공강우 센터를 설치하고 황사, 미세먼지를 줄이기 위해 비를 내리고 있어요. 그 외에도 산불을 끄거나 가뭄을 해소하는 등의 목적으로 비를 내리게 하고 있지요.

인공적으로 비를 내리게 하면 부작용은 없을까요? 구름씨로 사용하는 물질 중 요오드화은은 가격이 무척 비싸, 인공강우 실험 자체가 엄청난 비용이 든다고 해요. 또 원래 있던 구름에 비가 내리도록 하는 것이기 때문에 구름이 없는 곳에서는 불가능해요. 즉 다른 지역에서 비가 내릴 구름을 끌어다 쓰는 것이기 때문에 정작 비가 내려야 할 지역에 비가 오지 않지요.

아직 환경에 미치는 부작용이 다 알려지지 않았을 거라 많은 사람이 우려하고 있어요. 따라서 무분별한 사용보다는 철저한 연구가 먼저 진행되는 것이 중요할 거예요.

멸종된 동물을 다시 되살릴 수 있을까요?

나 보고 싶어?

시베리아에는 얼음 속에 갇혀 그대로 얼어붙은 털매머드 미라가 남아 있어요. 그런 털매머드를 다시 되살린다면 어떨까요? 실제로 미국 하버드대학교 연구진은 코끼리의 유전자를 사용해 털매머드를 되살리려고 하고 있어요. 정말 이런 일이 가능할까요?

먼저 얼음 속 털매머드의 미라에서 유전자를 빼내 그중 몇 종을 아시아코끼리의 유전자와 바꿔치기해요. 그다음에는 이 세포를 암컷 아시아코끼리의 난자와 합쳐 암컷 코끼리의 자궁에 이식해요. 이렇게 태어난 매머드는 원래 털매머드와 똑같지는 않아요. 하지만 이 매머드끼리 교배를 하면서 유전자를 바꾸어가는 과정을 반복하면 점점 털매머드의 모습을 갖추게 되지요.

매머드뿐만 아니에요. 공룡을 되살리려는 연구도 있었어요. 파충류의 모습을 한 공룡이 새와의 공통점이 하나둘 밝혀지면서 이제는 조류가 공룡의 한 종류라는 주장이 받아들여지고 있

어요. 과학자들은 조류, 그중에서도 닭이 공룡과 공통점이 가장 많다는 것을 발견했어요. 그래서 주변에서 쉽게 구할 수 있는 닭을 이용해 공룡을 만들려고 했어요. 닭의 유전자를 조작해 알 속에 있는 병아리에게 부리 대신 공룡 같은 주둥이와 이빨이 생겨나게까지 했어요. 이런 식으로 계속 실험을 하다 보면 언젠가는 달걀에서 진짜 공룡이 태어날지도 몰라요.

　하지만 이런 실험들은 윤리적으로 옳지 않다는 반대에 부딪혀요. 살아 있는 생물의 유전자를 사람이 마음대로 바꾸는 일이기 때문이에요. 더군다나 멸종된 동물을 부활시키는 것이 과학적으로 꼭 성취해야 하는 일인지에 대해서는 더 의문이 생길 수밖에 없어요. 멸종할 수밖에 없던 수많은 이유가 있었을 거예요. 생명을 존중하는 마음으로 멸종된 동물은 과거 속에 묻어 두어야 하지 않을까요?

095
바다 깊은 곳에는 무엇이 살고 있을까요?

우주는 오랫동안 미지의 공간이었어요. 너무나 멀고 광활해 상상으로밖에 볼 수 없었어요. 하지만 놀라운 과학기술의 발달로 유인우주선과 탐사선이 발사되었고, 조금씩 우주는 그 신비한 모습을 드러내고 있지요. 하지만 우리가 사는 지구에도 우주만큼 베일에 싸인 공간이 있어요. 바로 지구의 대부분을 차지하는 바다, 그 깊은 곳인 심해예요.

바다는 깊어질수록 햇빛이 흡수되기 때문에 점점 어두워지다가 완전한 어둠 속에 갇혀 버려요. 그곳은 냉장고 안보다 춥고, 산소가 거의 없는 데다가 수압이 무섭게 내리누르지요. 그래서 사람들은 한때 심해에는 생물이 살지 않는다고 생각했어요. 하지만 잠수정을 이용해 바다에 들어가기 시작하면서 심해에도 아주 다양한 종이 살고 있다는 것이 밝혀졌어요.

2018년에는 탐험가, 해양학자, 엔지니어, 과학자 등이 모여 세계 최초로 지구에서 가장 깊은 해저 5곳에 유인 잠수정

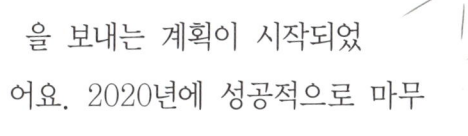

을 보내는 계획이 시작되었어요. 2020년에 성공적으로 마무리된 '파이브 딥스 엑스퍼디션'이라는 이 프로젝트를 위해 녹이 잘 슬지 않고 매우 강한 강도의 티타늄으로 만든 특수 잠수정이 제작되었어요.

이 잠수정은 세계에서 가장 깊은 태평양의 마리아나 해구를 포함해 오대양의 가장 깊은 곳을 최초로 탐사하는 데 성공했어요. 이 탐사를 통해 얻는 자료로 정확한 해저 지도가 만들어질 예정이에요.

지도가 완성되어 해저의 모습을 제대로 알 수 있다면, 오래전 지구가 어떻게 생성되었는지 실마리를 찾을 수 있을 거예요. 그동안 알려지지 않았던 생물종들을 발견할 수도 있고, 선박의 항로나 바닷속 자원을 분석하는 등 다양한 용도로 사용할 수 있을 거예요. 지구는 물의 행성이라고 불릴 만큼 대부분이 바다로 뒤덮여 있어요. 바다를 이해하는 것이 바로 지구를 이해하는 첫걸음이 될 거예요.

소리만으로도 새로운 종을 발견할 수 있다고요?

짹짹, 뻐꾹뻐꾹, 깍깍, 꾀꼴꾀꼴, 부엉부엉

숲에 가면 다양한 새소리를 들을 수 있어요. 울음소리만으로도 그곳에 살고 있는 새의 종류를 알 수도 있지요. 생물의 다양성은 지구에 존재하는 수백만여 종의 생물이 가지는 유전자 그리고 그들이 살고 있는 생태계를 모두 포함하는 말이에요. 이런 생물의 다양성은 바로 지구를 살아 있게 하는 힘이에요.

예전에는 생물의 다양성을 파악하기 위해서 인공위성이 찍은 사진을 토대로 분석하거나 직접 현장을 조사하기도 했어요. 하지만 이런 방식이 정작 숲속의 숨은 문제들을 알아내기 힘들고, 비용과 시간이 많이 든다는 한계가 있었어요. 그리고 측정할 수 있는 땅의 범위도 한정적이었지요.

하지만 곳곳에 녹음 장치를 설치해 동물 소리를 녹음한 뒤 분석하면, 동물의 종류와 개체수 등을 쉽게 알아낼

수 있어요. 생물종은 저마다 자신만의 음량과 음높이로 소리를 내기 때문이에요. 여기에 사람이 듣지 못하는 주파수로 소리를 내는 생물들도 파악할 수 있어요. 이처럼 생물음향학은 새와 포유류, 곤충, 양서류 등 다양한 생물종의 존재도 알아내는 데 아주 유용하답니다.

  최근에는 생물음향학이 멸종 위기에 놓인 동물들을 구하는 데 활용되기도 했어요. 인터넷 기업 구글은 미국 국립해양대기청과 캐나다 해양수산부와 함께 바닷속 음향 정보를 수집하고 그중 고래의 울음소리를 분석했어요. 이 정보를 분석하면 멸종 위기에 빠진 범고래의 건강상태나 이동경로를 알아낼 수 있어요. 또 배와 부딪히거나 유출 사고에 노출되는 것을 특수 장비로 유도해 막을 수도 있지요. 이제 그동안 그저 흘려들었던 많은 자연의 소리가 마치 우리에게 보내는 메시지처럼 느껴지지 않나요?

인공위성이 미세먼지까지 관측할 수 있다고요?

2020년 2월 19일 오전 7시 18분. 남아메리카 기아나에 있는 프랑스의 로켓 발사기지인 기아나우주센터에서 '천리안 2B호'가 발사되었어요.

우리나라는 이미 1992년에 우리별 1호를 시작으로 여러 기의 인공위성을 발사했지만, 천리안 2B가 특히 주목받는 이유는 따로 있어요. 바로 우리나라가 만든 세계 최초의 정지궤도 환경 및 해양관측 인공위성이기 때문이에요. 앞으로 우리나라를 포함한 동북아시아의 대기환경을 실시간으로 관측하고 분석하는 임무를 맡았거든요.

천리안 2B호는 미세먼지를 일으키는 이산화질소, 이산화황, 오존 등 20가지의 대기 성분 농도를 하루 8번씩 관측할 수 있어요. 이러한 정보를 12시간 내내 보내 주어 훨씬 자세하고 정확하게 미세먼지 경로를 파악할 수 있지요. 현재 미세먼지 예보는

지상에서 관측한 자료만을 사용하고 있었지만 천리안 2B의 관측 정보를 활용하면 더 정확하게 예보를 할 수 있게 될 거예요. 또한 미세먼지 발생 지역을 집중적으로 관리하는 데도 큰 도움이 되지요.

　천리안 2B는 미세먼지뿐만 아니라 적조 현상이나 기름 유출, 바다에 버려진 쓰레기가 어디로 흘러가는지 등 바다 환경오염도 실시간으로 감시할 수 있어요. 2010년에 발사된 천리안위성 1호보다 더 선명한 자료와 많은 정보를 얻어낼 수 있어요. 이는 바다 환경을 보호하고 자원을 관리하는 데 적극적으로 사용될 거예요. 2021년부터는 수집한 자료를 분석하고 가공해 다양한 해양 정보를 제공하고 있답니다.

　천리안 2B가 찍은 영상은 국립해양조사원 홈페이지(www.khoa.go.kr)를 통해 볼 수 있어요. 우주 공간에서 우리나라의 바다를 지켜보는 천리안, 앞으로의 활약을 함께 지켜보아요.

희귀식물의 씨앗을 영구적으로 보관하고 있다고요?

식물은 지구 생태계를 지탱하고 있어요. 사람과 동물이 숨 쉴 수 있는 산소를 만들고, 음식의 재료로 사용되고, 옷과 집 등에도 쓰이는 아주 중요한 생물이지요. 그런데 이러한 식물이 인간 활동으로 발생한 기후변화로 멸종되거나 멸종 위기에 처해 있어요. 세계자연보전연맹은 21세기가 지나기 전에 세계 식물의 30%가 멸종 위기에 처할 거라고 경고했어요.

전쟁이나 대홍수, 전염병 등 재앙이 닥쳤을 경우를 대비해 식물의 종자를 영구적으로 보관하는 시설이 있어요. 바로 노르웨이의 스발바르제도 스피츠베르겐섬에 있는 '시드볼트'에요. 시드볼트는 해당 작물이 멸종했을 경우 다시 재배할 수 있도록 모든 작물의 종자(씨앗)를 보관하고 있어요. 이곳에는 2020년 2월 기준으로 세계 각국에서 맡긴 종자 100만 개가 보관되어 있고, 우리나라도 아시아 국가로는 최초로 재래종 작물 1만 3,000여 종의 종자 보관을 요청했어요. 이 저장고는 지구온난화로 북극의 얼음이

다 녹더라도 잠기지 않도록 해발 130m 높이에 지어졌어요. 온도는 항상 영하 15℃로 유지되고, 강화 콘크리트 벽에 둘러싸여 있지요. 종자는 영하 20℃, 습도 40%의 저장고 안에서 휴면 상태로 보관되어요. 이러한 상태로 보관된 소나무 씨앗은 300년 이상, 연꽃 씨앗은 1000년 이상 저장할 수 있다고 해요.

우리나라는 2018년 국립백두대간수목원 내에 세계 최초로 산림종자영구보존시설을 아시아 최대 규모의 지하 터널형 구조로 건립해 6만 종에 가까운 종자를 보관하고 있어요. 노르웨이의 시드볼트는 식량의 종자를 보관하고 있지만, 우리나라는 주로 야생식물 종자를 보관하고 있어 그 가치를 인정받고 있지요.

시드볼트의 문이 열리는 것은 더는 그 식물을 지구에서 만날 수 없을 때뿐이에요. 물론 그런 일이 일어나지 않도록 하는 것이 우리에게 맡겨진 마지막 책임이겠지요.

099
얼음 속에 역사가 꽁꽁 얼어 있다고요?

1991년 러시아 과학자들은 빙하 얼음을 분석해 3만 5000년 전 지구로부터 150광년 떨어진 초신성(수명을 다한 별이 폭발해 순간적으로 아주 밝게 빛나는 현상)이 폭발했다는 것을 밝혀냈어요. 어떻게 알아낼 수 있었던 걸까요?

하늘을 날아다니던 먼지가 땅으로 떨어지면 흙에 뒤섞이지만 빙하 위로 떨어지면 그 위로 다시 눈이 쌓여, 깔끔하게 보존되지요. 그 기간이 짧게는 수백 년에서 길게는 수십만 년에 걸쳐 이어져요. 따라서 과학자들은 빙하를 '냉동 타임캡슐'이라고 부르기도 해요. 과학자들은 빙하 속에 어떤 성분과 물질이 들어 있는지 알아내기 위해 빙하를 지름 약 10~20cm의 원통형으로 잘라서 연구하는데, 이를 '빙하코어'라고 해요.

빙하코어 속에는 꽁꽁 얼어붙은 작은 기포가 들어 있어요. 이 안에 산소와 수소는 물론, 온실기체, 화산재 등이 들어 있지요.

이 성분들을 분석하면 당시 기후와 환경에 대한 정보를 알 수 있어요. 예를 들어 화산이 폭발하면 대기 중에 화산재와 함께 화산가스가 분출하는데, 화산가스는 산성비의 원인이 되지요. 그러니 빙하코어를 분석했는데 화산재가 많이 발견되고 산성도가 높게 측정되었다면 당시 화산이 폭발했다고 추측할 수 있어요. 마찬가지로 초신성이 폭발할 때 지구로 들어오는 방사선이 베릴륨10이라는 물질을 만들었고, 눈과 함께 덮여 빙하가 된 것을 과학자들이 분석해 과거에 있었던 일을 알아낸 것이랍니다. 이런 정보는 오늘날 기상 이변과 지구온난화로 인해 환경이 어떻게 변할지 예측하고 대처하는 데 큰 도움이 되지요.

현재 지구는 기후변화로 빙하가 빠른 속도로 녹고 있어요. 과학자들은 미래의 과학자들을 위해 전 세계 높은 산에서 빙하코어를 채취해 남극으로 운반하고 있어요. 운반된 빙하코어는 남극에 있는 동굴 속에 수 세기 동안 저장될 예정이라고 해요.

식물만 광합성을 할 수 있는 게 아니라고요?

지구에 사는 모든 생물은 살아가기 위해 에너지가 필요해요. 생물은 먹고 먹히는 관계가 마치 사슬처럼 연결되어 있는데, 이 사슬을 따라 에너지도 흘러가지요.

꽃의 꿀은 나비가 먹고, 나비는 새가 잡아먹고, 새는 고양이가 잡아먹는 방식으로 생물들은 에너지를 얻어요. 식물은 이 먹이사슬의 가장 아래에 있지만, 지구에서 스스로 에너지를 생산할 수 있는 유일한 생물이기도 해요. 식물은 태양빛을 이용해 물과 이산화탄소를 재료로 생물의 에너지원인 포도당을 만들고 산소를 배출해요. 이것이 '광합성' 과정이에요.

광합성에는 햇빛을 전기화학에너지로 바꾸는 '명반응'과 만들어진 전기화학에너지를 이용해 이산화탄소를 포도당으로 바꾸는 '암반응'이 있어요. 과학자들은 명반응의 원리를 이용해 인공적으로 광합성을 일으킬 수 있는 기술을 개발하고 있어요. 식물에서 명반응이 일어나는 곳은 '광계'라고 불리는 단백질인데, 인공광합성에서는 이 광계 대신 반도체를 사용하지요.

　인공광합성을 통해 얻을 수 있는 물질은 아주 많아요. 기본적으로 수소와 산소를 만들 수 있고, 자동차 연료로 사용할 수 있는 메탄올, 연료전지나 고무제품의 원료로 사용할 수 있는 포름산도 생산할 수 있어요. 하지만 무엇보다도 화석연료를 대신할 수 있기 때문에 환경오염의 주범이 되는 온실가스 배출을 하지 않아요. 인공광합성 기술이 완성되면 미래의 에너지 부족 문제를 해결할 수 있어요. 상용화에 걸림돌이 되는 낮은 효율을 극복하기 위해 과학자들이 다양한 연구를 진행하고 있지요.

　지금껏 인간은 필요한 에너지를 얻기 위해 자연을 망가뜨렸지만 다시 원래대로 되돌리기 위해 자연의 원리를 배운다는 것이 참으로 신기하지요. 본래 과학기술은 자연에서 나오며 우리가 해야 할 일은 그 의미를 잃지 않고 기억해야 하는 것일지도 모른답니다.

나도 광합성 하고 있어!

2판 2쇄 2025년 3월 19일
초판 1쇄 2020년 12월 30일

글 송지혜 | **그림** 홍나영

펴낸이 정태선
펴낸곳 파란정원(자매사 책먹는아이)
출판등록 제395-2010-000070호
주소 서울특별시 은평구 가좌로 175, 5층
전화 02-6925-1628 | **팩스** 02-723-1629
제조국 대한민국 | **사용연령** 8세 이상 어린이
홈페이지 www.bluegarden.kr | **전자우편** eatingbooks@naver.com
종이 다올페이퍼 | **인쇄** 조일문화인쇄사 | **제본** 경문제책사

글ⓒ송지혜 2020
ISBN 979-11-5868-189-0 74030
979-11-5868-166-1(세트)

이 책은 저작권법에 따라 보호받는 저작물이므로 무단 전재와 무단 복제를 금지하며,
이 책 내용의 전부 또는 일부를 이용하려면 반드시 저작권자와 파란정원(자매사 책먹는아이)의
동의를 얻어야 합니다.
*잘못된 책은 구입하신 서점에서 바꿔 드립니다.